Editorial – Stellar Alice

— Irina Brantner

'Well, this is grand!' said Alice. 'I never expected I should be a Queen so soon – and I'll tell you what, your majesty,' she went on to herself in a severe tone (she was always fond of scolding herself), 'it'll never do for you to be lolling about on the grass like that! Queens have to be dignified, you know!'

So she got up and walked about – rather stiffly at first, as she was afraid the crown might come off – but she comforted herself with the thought that there was nobody to see if it did. 'And if I really am a Queen,' she said as she sat down again, 'I shall be able to manage it quite well in time.'

I'm sure many of you are familiar with this feeling: everything seems fine, nothing bad is happening – but nothing good either. Life comes to a standstill, a little halt. You keep moving, but only in circles. Little by little, you lose your sense of taste, of smell, of hearing ...

No, it's not Covid. Neither death nor pills can help it. The reasons for this condition are varied and perplexing, yet the cure is the same: one day, something happens, knocking you out of your lethargic sleep, bringing you back into the vibrant flow of life. Everything changes suddenly: you meet the "right" people, and wonderful coincidences happen one after another, like beads strung together in a unique pattern. Everything comes together in an inexplicably natural way, driving you forward, filling you with happiness and the desire to live, displacing that halting, stuttering course. Believe me, it's bound to happen – or it already has, or is just about to.

Now, once upon a time ...

Content

Der Mond

— *Regina Appel*

Auf den Mond schießen, dachte sie und schüttelte den Kopf. Keine Phrase hatte sich in den letzten hundert Jahren wohl mehr in ihrer Bedeutung verändert. Sie griff nach den Gummihandschuhen und mit einem schnalzenden Geräusch wurden sie zu ihrer zweiten Haut.

Das Tuch presste sie in heißem Wasser aus und wischte über den ersten der hundert Sitze. Sie befand sich in der Aussichtstribüne. Aktuelle Entfernung zur Erde: 15.000 Kilometer. Sie war am Beginn ihrer Schicht und ihrer Reise.

Melina war Putzfrau. Und sie putzte im Lift zum Mond. Hätte sie vor 20 Jahren jemandem erzählt, sie würde wöchentlich zum Mond reisen und dabei den Dreck anderer Leute wegräumen, man hätte sie für verrückt erklärt.

Doch die Menschen hatten es eilig gehabt. Weil es die Erde eilig hatte. Und zwar damit, den Menschen abzustoßen.

Die erste logische Konsequenz: ein neuer Planet muss her. Doch selbst der hartnäckigste Klimawandelleugner musste sich eingestehen, dass die Entdeckung eines erdähnlichen Planeten und die Entwicklung eines transportfähigen Raumschiffs dorthin, kein einfaches Unterfangen war.

Zu Beginn dieser Forderung sagte man sich, man kann es schaffen, man müsse sich nur anstrengen. Später, dass es zeitlich knapp werden könnte, aber man stelle sich dieser Herausforderung gerne. Letztlich beugte man sich der Realität und gestand sich ein: Das geht sich nicht mehr aus. Wir müssen wohl doch die Erde retten.

Es musste also etwas passieren.

Natürlich passierte anfangs gar nichts. Man entzog sich weiterhin der Schuld, versuchte abzulenken, behauptete hartnäckig die Erde würde sich auch ohne Zutun des Menschen erhitzen, man müsse sich nur an die Umstände anpassen, bekundete bei jeder Kältewelle oder übermäßigem Schneefall, dass doch offensichtlich alles in Ordnung sei. Die Anzahl der Zweifler des Klimawandels nahm zu und erst als diese erkannten, dass sich ihre eigene mediale Reichweite durch das Eingeständnis des Klimawandels erhöhen ließ, begannen sie diesen anzuerkennen. Konkrete Lösungen sparte man aus. Waren sie doch offensichtlich mit dem wirtschaftlichen Erfolgskurs unvereinbar. Stattdessen wies man sich auf kreativster Weise gegenseitig die Schuld zu. Was zur Folge hatte, dass weiterhin nichts passierte.

Ein Jubiläum gönnte den Schuldzuweisenden, den Schuldzugewiesenen und den Berichterstattern ein erholsames Sommerloch: 50 Jahre Mondlandung. Der beinahe vergessene, durch den entfernteren Mars als neue Herausforderung der Menschheit abgelöste, Erdtrabant feierte ein medienwirksames Comeback. Die erste bemannte Mondlandung, damals eine inszenierte Informationslawine, die zum ersten Mal inklusive Liveübertragung über den gesamten Globus rollte. Sie wurde ausgeschlachtet, from nose to tail. Doch hatten die ersten Schritte am Mond die Menschen noch begeistert, sie dazu inspiriert Unmögliches möglich zu machen, Helden geboren, war der Spuk kurze Zeit später wieder vorbei. Kein Hahn, kein Sponsor und schon gar kein Journalist krähte mehr nach der gewaltigsten Leistung, die der Mensch bis dahin zustande gebracht hatte. Immerhin langte man 50 Jahre später erleichtert über das üppige Material, die noch lebenden Zeitzeugen und das ungebrochene Interesse an Superhelden in die Kiste der menschlichen Errungenschaften. Und jubilierte medial aufs Neue. Replay.

Als Anfang der 70iger Jahre der große Hype um den Mond vorbei war konzentrierte man sich wieder auf den eigenen Himmelskörper. Mehr als diesem recht war. Die Erde wurde weiterhin ausgebeutet, missachtet, leergesaugt. Schneller als je zuvor. Und dieses Mal? Würde sich die Geschichte ein halbes Jahrhundert später wiederholen?

Es gab einen Moment des Aufhorchens. Immerhin. Anfangs freute man sich noch über die heißen Sommer, vor allem in Touristengegenden zeigte man sich begeistert. Doch dann brachen die Feuer aus. Zuerst Sibirien und spätestens als der Regenwald nicht mehr aufhörte zu brennen und dadurch eine politische Krise zu lodern begann, kamen sachte Zweifel an dem rücksichtslosen Verhalten der Menschen auf. Diese Mal nicht nur von den Naturliebhabern, sondern vom Gros der Bevölkerung.

Doch wie reagierten die Menschen darauf? Wenig überraschend hielten sie an ihrer Ideologie fest. Dem Schema zu folgen war ganz einfach: sobald sich viele von ihnen für ein Thema interessierten, war es für wenige von ihnen ein willkommener Anlass einen lukrativen Markt darin zu sehen, und diesen im Konkurrenzkampf zu erobern. Die Bevölkerung wollte etwas Gutes für die Erde tun? Dann würde sie auch investieren. Dafür bezahlen. Mit Bewegungen dieser Art ließ sich etwas anfangen. Und noch viel mehr verdienen. Unternehmen, die rechtzeitig erkannten auf ein grün lackiertes Pferd zu setzen, verdienten sich eine goldene Nase.

Doch die Mühlen der tatsächlichen Veränderung mahlen langsam. Und der Mensch ist ein träges Tier. Solange es nicht wirklich ungemütlich wird, sieht er keine Not darin, sein Verhalten zu ändern. Es reicht ihm, mit einer kleinen Tat, sein Gewissen zu beruhigen. Wozu die Energie in etwas stecken, das erst langfristig Früchte trägt? Wozu funktionierende Systeme ablösen? Die globale Revolution, ein weltweites Umdenken blieb also auch bei dieser Warnung der Erde aus.

Melina holte eine Schaufel, um das Erbrochene unter Sitz 65 aufzusammeln. Wenn sie hochfahren, kotzen sie vor Aufregung, wenn sie zurückfahren, vor Scham, dachte sie.

Sie selbst war ein unbedeutendes Puzzleteil in dem großen Ganzen. Doch nicht nur sie, auch die Konzerne, Regierungen, Machthaber und Ingenieure. Bis heute ist nicht bekannt, wer den Floh der Notwendigkeit des Lifts in die richtigen Ohren gesetzt hatte. Tatsache ist, der Lift wurde gebaut. Ein Lift zum Mond.

Welcher Wissenschaftler hätte denn gegen eine Forschungsstation am Mond gestimmt? Welche Regierung hätte sich nach Jahrzehnten des weltweiten politischen Hick-Hacks, des Säbelrasselns, des Hosenträger Schnalzens, nehmen lassen, zur Abwechslung wieder einmal bei etwas menschheitlich Bedeutendem die eigene Macht zu demonstrieren? Und welcher Konzern hätte auf gezieltes Mondmarketing verzichtet? Die Welt war schon lange nicht genug.

Man hatte, nachdem sich die ersten Unterstützer für das Projekt begeistert und letztlich verpflichtet hatten, auch nicht mehr nach den anonymen Ideenflüsterern des Mondlifts gesucht. Das Projekt bot alles, was man sich wünschen konnte, präsentierte sich auf dem Silbertablett. Es ließ sich damit wunderbar von den ökologischen Problemen auf der Erde ablenken. Man zeigte durch die Mitarbeit Stärke, Willenskraft und Innovation. Man demonstrierte visionäres Zukunftsdenken, interdisziplinäres Anpacken und das Ende des Stillstands. Wozu sollte man also die Initiatoren im Hintergrund in den Vordergrund stellen, wenn man selbst im Scheinwerferlicht und Medieninteresse baden konnte?

Man übersah dabei, dass hinter der Idee des Mondlifts etwas ganz anderes steckte. Die Erbauer wurden nur mit ihren eigenen Waffen geschlagen. Hunger und Gier nach Ablenkung und Ruhm hatten sie zur leichten Beute, zu unüberlegten Unterstützern des folgenschweren Projekts werden lassen.

Es war die große Veränderung, auf die man setzte. Das große Umdenken. Die letzte Chance. Durch den Blick von oben, den Blick auf den gesamten blauen Planeten Erde.

Diese Annahme beruhte jedoch nicht auf Fakten, sondern auf einem Mythos. Nachdem die ersten Männer ihre Füße auf den Mond gesetzt hatten, schenkte man seiner Wirkung, die er auf sie ausgeübt hatte und noch zurück auf die Erde ausübte, wenig bis keine Aufmerksamkeit. Die Astronauten waren allesamt harte Jungs. Ihre Kameraden kämpften damals im Vietnamkrieg, sie um die Vorherrschaft auf dem Mond. Wer von ihnen hätte denn offen über seine emotionalen Erkenntnisse sprechen wollen? Sie wurden als Helden gefeiert, wenn auch nur für kurze Zeit. Und das wollten sie bleiben. Erst Jahrzehnte später teilten sie sich mit. Doch niemand hörte ihnen zu.

Anfangs nicht. Denn die zunehmend beklemmende Situation auf der Erde und das Jubiläum der Mondlandung verdichtete den Blick auf das, was davon übriggeblieben war. Auf den ersten Blick: alte, zerstreute Männer. Männer, die auf der Suche nach etwas waren, was sie weder in Alkohol, Drogen, Gott oder der Kunst finden konnten. Auf den zweiten Blick: Männer, die suchten. Männer, die an etwas glaubten.

Allesamt waren der festen Überzeugung, dass der Blick auf diesen zerbrechlichen Planeten, im dunklen Nichts schwebend, sie verändert hatte. Grundlegend. Tief in ihrem Inneren. Sie glaubten eine Macht gespürt zu haben, die sie mit der Erde verband. Von Lebewesen zu Lebewesen. Die Erde veränderte sich in ihrer Wahrnehmung vom bloßen Planeten zum größten beseelten Organismus. Und diese Männer waren der Meinung, dass niemandem diese Erfahrung vorenthalten bleiben sollte. Und nun hörte ihnen jemand zu. Jemand der geschickt genug war, unerkannt den Bau des Lifts zum Mond zu initiieren. Damit wurde der treue Beschützer, der seit Jahrmillionen Meteoriteneinschlägen für die Erde und die Menschen einkassierte, mit der Bitte beauftragt, die Menschheit vor sich selbst zu beschützen.

Zweimal sollte das Projekt an der Kippe stehen. Immense Summen wurden investiert und es wurde immer schwieriger, diese zu rechtfertigen. Eine kriegerische Auseinandersetzung aufgrund mangelnder Wasserversorgung und ein verheerender Ernteausfall brachten das Projekt wieder in Schwung. Das Prinzip der Ablenkung funktionierte bis zur Fertigstellung wunderbar. Nach nur wenigen Jahren Bauzeit wurde feierlich die erste Gondel mit einer Delegation ausgewählter Personen auf den Mond gezogen. Politiker,

Wissenschaftler, Schauspieler, Popsternchen und einige Gewinner von weltweit inszenierten Gewinnspielen. Die ganze Welt war mit dabei, gut vernetzt. Über den ganzen Globus sahen sie zu. Die wichtigste Botschaft: jeder würde diese Reise antreten können.

Auf dem Mond erwartete die Besucher eine karge Raumstation. Man hatte sich entschieden, die Ausstattung *pure* zu halten. Kein Handyempfang, kein Candle Light Dinner, keine Roverfahrten, keine Souvenirshops. Für einige Stunden verweilte man auf dem Mond. Völlig frei von jeglicher Ablenkung, jede Person in einer Kapsel, isoliert von den anderen Menschen. Nur der Blick zur Erde. Für manche Besucher waren diese Stunden die größte Herausforderung.

Natürlich gab es Gegner des Projekts. Doch die Argumente, man hätte diese Erfahrung auch durch eine Simulation herbeiführen können, verhallten mit der Zeit. Das Gefühl aus einer Fensterscheibe zu blicken und sich bewusst zu werden, dass dort draußen der augenblickliche Tod lauerte, war durch nichts zu überbieten.

Melina war sich dessen ebenfalls bewusst. Dafür hätte sie den Aufkleber nicht gebraucht, den sie nun von der Fensterscheibe schabte. Wenn es bricht, bist du tot, stand darauf.

Doch davor hatte sie keine Angst. Das würde schnell gehen. Sie blickte aus dem Panoramafenster. Jedes Mal, wenn sich die Erde unter ihr entfernte, immer kleiner wurde, und sich die blaue, strahlende Kugel vor ihrem Auge zeigte, hielt sie den Atem an. Wie lange würden die Flammen des Regenwaldes noch lodern? Wie viel Permafrost würde noch auftauen? Würden die Gase, die darunter lauerten, ebenfalls bald Feuer fangen? Die Kipppunkte des Weltklimas bereiteten ihr größere Sorgen. Von so weit oben, schienen die Entfernungen so klein, die Auswirkungen so nahe beieinander. Die Erde schien zu pulsieren, zu atmen, zu schnaufen. Sie befürchtete, wenn es soweit wäre, würde es schnell gehen, würde sie eines Tages, wenn sie auf dem Rückweg war, wenn sie sich der Erde wieder näherte, die Katastrophe erblicken können, würde das Ausmaß Kilometer für Kilometer auf sie zurasen sehen. Würde sie gar eines Tages nicht mehr auf die Erde zurückkehren können? In der Gondel bleiben und zurück auf den Mond fahren müssen? Säßen dann eine Handvoll Menschen in ihrem selbsterschaffenen Grab? Würden sie dann auf die Erde blicken und ihr dabei zusehen müssen, wie sie um ihr eigenes Überleben kämpft?

Ein Lichtsignal ließ sie aufblicken. Entfernung zur Erde: 100.000 Kilometer. Gleich würde eine weitere Liftgondel zu sehen sein, die am Weg zurück zur Erde war. Melina konnte sie nur als Lichtstrahl vorbei zischen sehen. Dennoch winkte sie.

Die nächsten veränderten Seelen, dachte sie. Und schöpfte in diesem Gedanken neuen Mut. Die Wissenschaft beharrte zwar darauf, dass nach dem Aufenthalt auf dem Mond körperlich und geistig kein Unterschied an den Besuchern festzustellen war. Doch Melina wusste, danach war nichts mehr wie vorher. Und das war gut so. Einige werden es verstanden haben. Sie werden erkannt haben, was die Menschheit an der Erde hat, und dass es keinen weiteren Planeten in Aussicht gibt, dass die weite Reise zum Mond zwar aufregend ist, aber der Mond nur eine karge, leblose Wüstenlandschaft bereithält. Das Leben ist die Erde. Das Leben geht aus der Erde hervor. Sie hoffte und war von Liftfahrt zu Liftfahrt überzeugter davon, dass diese veränderten Seelen die Erde aufräumen und sauber halten würden, genauso wie sie es jeden Tag mit dieser Gondel tat.

ELIXIR

— David R. McIntyre

I was once a drifter
of villages and towns
grifting whatever I could

whether it was liquor
or a place to bed down
or stealing more than I should

I always dreamed bigger
and imagined the sounds
of rediscovered childhood

back when I was richer
before the Prince was crowned
and my cards were always good

before the elixir
had been dug up and found
to curse us where we had stood

now a lonesome figure
in my spot in the ground
asleep in my tomb of wood

THREE SISTERS

— David R. McIntyre

A gaunt razor of a man
heavy on his feet
trailed by his three daughters
down the barren high street.
"Where are we going, Daddy?"
the eldest daughter begged.
"Are we going for ice cream, Papa?"
the youngest said.
The middle remained silent
for she knew and feared within
where their father was headed
and how it would end.
She had seen him pack the rope,
seen his jawline clenched and tight,
she'd trembled there in fear
when he said they'd stay the night.

On the edges of the town
where the streetlamps faced the wild
three almighty thickets
loomed over the quiet child.
Her father turned to her
and with a manic grin
he whispered "Shhhh ..."
with his finger on his chin.
She tried to tell her sisters,
warn them they should run,
but her desperation failed her
as her father grabbed her tongue:

now without her words
or the ability to speak,
left only with her horror
as he tied her sisters' feet.

The townsfolk didn't blink an eye,
they supposed it was Halloween;
little did they know they would be
scarred by what they'd seen.
Headed out into the woods,
thinking it a bit of fun,
all of them haunted
by the spot where three sisters hung.

SELENOPHILIA

— David R. McIntyre

I'm a selenophilic. That doesn't mean I'm in love with the moon. It means that I am allergic to an element that at high enough doses resembles arsenic.

Maybe I'm just high on my own bullshit.

I like the words. I like them a lot. They abuse me.
Taking away my active decisions and my agency. Creating a passive me. Smiling like an idiot at the thing I just conjured onto paper. Sometimes they ignore me and don't come out to play. Keeping me on a long leash.

It's great when we get along though. We dance together at parties and everyone is sure we're made for each other. Until they don't. And they see that we're not. Truth is, I hate the words. I'm always either getting swept up in them or already gone past and lost them. We never relax together.

Maybe it is the moon I love.

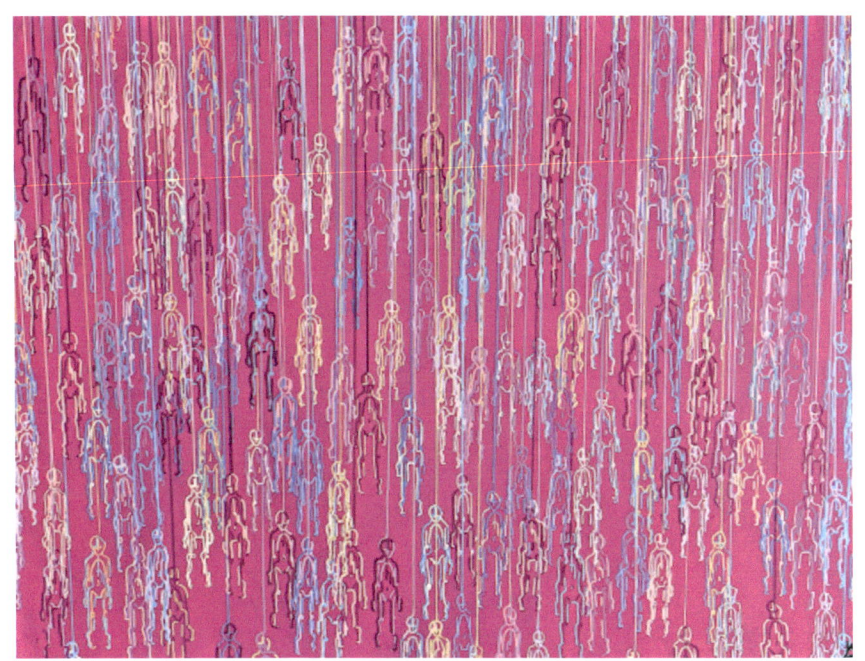

Kata Oelschlägel, *we must all hang together*
acrylic on canvas, 80 x 60 cm, 2021

SAPLING

— *David R. McIntyre*

I am in your world now.
My rules don't apply here.
My spirit aches
to reject this new space.
An undercurrent of beauty
keeps me on your shores.
I use your strength
to stop the pulling.
I feel your connection
with this place.
I wish to talk with you
but we speak in foreign tongues.

The more time I spend here
the less intrusive I feel.
I am moulding and growing
myself in your image,
studying your soft, slow reactions
to the breeze.
Warmth fills my body,
my fear is almost gone,
my mind changing
and filling with courage.
I look at you, ethereal,
and wish to belong.

I live here now.
Your rules are my rules.
I sense a connection

with the soil.
Interwoven with you
as the Sun raises us.
There is no rush anymore.

I am accustomed to silence.
Then my bliss is broken
by a beautiful sound.
"It is wonderful that
you're here".

INFERNO

(Homage to the *Divine Comedy* by Dante Alighieri)
— *Theresa Jarczyk*

Hinab, hinab steigt mein Verstand,
Während meine Träume immerwährend ihre Kreise ziehn,
Eine zerrende, mich haltende, wesenlose Hand,
Wie sie mich zwingt zu bleiben, zu fliehn.

Heraus, heraus will die Hauptstadt meiner Brust,
Doch tiefer, immer tiefer zieht mich der Schlund,
Und ich sehe mit geschlossenen Augen,
Auf das brennende Meer aus blauem Sand.

Hinauf, hinauf zur Krone der Vergebung,
Wo das Licht schmerzlich die Schatten vertreibt,
Doch mein ganzes Wesen zehrt vom erneuten Sprung,
In die neun Kreise wo die Verdammnis verbleibt.

NACHTJASMIN

— *Theresa Jarczyk*

In einer Ecke meines Gartens
Pflanzte ich einst einen Strauch
Mit Blüten so zart wie die Luft des Morgens
Fein sich wiegend bei jedem Hauch

Doch sah ich sie nie am Tage
Steht's grün blieb er in den hellen Momenten
So wusste ich um seine Schönheit nur wage
Fragte mich ob wir uns je fänden

Also machte ich den Tag zur Nacht
Um mich in seinem Antlitz zu verlieren
Nur der Mann im Mond der über uns wacht
Und beim Morgengrauen mich mit Träumen zu alliieren.

DIALOG 2 –
EIN ZEITGEMÄSSES MÄRCHEN

— *Moritz Wildburger*

Der Weg zu meiner Mutter ging schnell vorbei. Auto fahren machte Spaß. Das hatte ich schon lange nicht mehr gemacht. Ich genoss es, allein Musik zu hören und ab und zu mitzusingen.

Ich dachte darüber nach, wie es wohl mit meiner Mutter sein würde. Es war als stünden wir jedes Mal anders zueinander, wenn wir uns sahen. Fast so, als wären wir jedes Mal in einem anderen Verwandtschaftsverhältnis. Mal war sie die distanzierte Tante, die man seit Jahren nicht mehr gesehen hatte, bei der das Aufholen alles Verpassten in der kurzen Zeit eh keinen Sinn mehr ergab, und man nur über die Höhen und Tiefen des momentanen Alltagslebens sprach, mal die überschwängliche, herzliche Mutter, die mit dem in der Stadt studierenden Kind ständig in Kontakt stand, und beim monatlichen Besuch nur noch die Details der bereits besprochenen Sachen herauskitzeln wollte. Meistens abhängig davon, wie lange das dem Besuch vorausgehende Gespräch gedauert hatte.

Unser diesmaliges Gespräch war nur kurz gewesen. Nur um Datum und Ankunftszeit zu klären. Also vermutlich distanzierte Tante.

Ich sah das Haus schon durch die hohen, struppigen Laubbäume, die am Ufer des Baches wuchsen, der die Landstraße von den Wiesen trennte. Als ich über die Brücke und die schmale Schotterstraße entlangfuhr, stand meine Mutter schon davor.

„Gute Fahrt gehabt?" begrüßte sie mich. Ich nickte.

Ich sah mich um. Alles beim Alten. Das leicht verfallenen Haus, das mit dem dunkelbraunen Nebengebäude eine L-Form und auf der Vorderseite des Hauses die Terrasse bildete. Das Hausinnere war vollgeräumt mit Keramikfiguren, am Klo lag ein Stapel alter Kronenzeitungen und ein Klo-Witz Buch aus dem Jahr 1982.

Ich nahm einen weißen, alten Plastik-Terrassenstuhl und setzte mich mit etwas Abstand vors Haus. Rechts von mir war die Zufahrt, links das Becken eines schon lange wasserlosen Schwimmteichbeckens.

Ich lehnte mich im Gartenstuhl zurück, schloss die Augen und konzentrierte mich auf meine Atmung.

Als ich meine Augen wieder öffne ist es fast dunkel, gegen Ende der Dämmerung. Links neben mir miaut eine Katze und sieht mich an. Rechts neben mir sitzt eine Katze und leckt sich die Pfote, neben ihr kommt gerade eine weitere Katze und sieht mich mit großen grünen Augen an. Ich sehe mich um. In jeder Himmelsrichtung sind Katzen und kommen auf mich zu. Als sie mich umzingelt haben, richten sie sich auf.

Ich will aufstehen, schreien, etwas sagen, aber ich tue nichts. Ich bin halt doch die Tochter meiner Mutter.

Vor mir richtet sich ihr Anführer, ein großer orange-roter Kater auf.

Er fragt mich, ob ich Feuer habe.
Ich gebe es ihm und er zündet sich eine Zigarette an.

Er fragt mich, wo das notwendige Mittel ist, um die Unterdrücker endlich zu stürzen. Ich antworte ihm, dass ich keinen Unterschied in Gewalt sehe.

Er sagt mir, dass Kylie Jenner jetzt einen neuen Freund hat.
Ich frage ihn, ob er schon Zukunftspläne hat.
Er sagt mir, er glaubt nicht an die Zukunft.
Von hinten ruft meine Mutter und fragt, ob ich denn schon jemanden kennengelernt hätte in der Stadt.

Ich frage ihn nach seinem Namen.
Er sagt mir, seinesgleichen nennt ihn Artamis. Und dass wir das Ende aufhalten müssen.
Ich frage ihn, wie er sich das vorstellt.
Er sagt mir, dass Gewalt ein akzeptierbares Mittel in Zeiten der Notwehr ist.
Ich sage ihm, dass es doch sinnvoller wäre, wenn Frauen einfach in Zukunft mit Fröschen schlafen würden.

Er schaut mich an und grinst. „Ich verstehe deinen Punkt!"
Woher sie kommen, frage ich ihn.
Sie waren schon immer da, antwortet er mir, sie hätten nur vor kurzem gelernt aufzustehen.

Ich sage ihm, dass sie das mit der Gewalt doch lassen sollen.

"Gewalt ist eine Frage der Perspektive. Für den Strauch, der den neuen Zweig ein Jahr lang hat wachsen lassen, ist es absurde Gewalt, wenn das Kleinkind ihn abricht, ihn verdreht und verbiegt, bis auch die letzten Stränge reißen. Genau die gleiche Gewalt, die die Mutter erleben würde, würde man dieses Kleinkind erschießen.

Der Zweig mit der gerade frisch gewachsenen Knospe und das Kleinkind hätten das Gleiche erlebt. Die Freiheit weiterzuwachsen wurde ihnen genommen…

There is no difference in violence."

Ich sehe ihn an. "Macht das für dich keinen Unterschied? Wer dir näher ist? Wer dir ähnlicher ist?"

„Das wäre ja dann noch scheinheiliger. Wenn es schlimmer wird umso näher mir jemand ist…und harmloser je weiter weg"

„Das versteh ich nicht. Dann wäre doch alles. was wir tun, Gewalt. Oder wo hört das bei dir auf? Beim Bakterium? Beim Insekt, auf das wir unabsichtlich draufsteigen? Bei eingeatmeten Viren die unsere Antikörper vernichten?"

„Dann versuch es doch. Versuch mich zu verstehen. Versuch mich anders zu verstehen als mir nur zuzuhören. Jede Sprache ist Verlust."

Ich lache. „Du bist so lächerlich. ‚Jede Sprache ist Verlust'? Bist du da selbst draufgekommen?"

Er schaut mich wütend an.

Die schöne, elegante Katze neben ihm ergreift das Wort, und sagt mit sanfter Stimme:
„Es ist nichts Edles daran, aber irgendwas muss doch getan werden!"

Sie schaut mir intensiv in die Augen.

Der Anführer setzt wieder an und sagt: „Natürliche wollte der CEO von Facebook nicht bewusst eine Firma gründen, die die Oberflächlichkeit der Gesellschaft erhöht und ihre Aufmerksamkeitsspanne reduziert. Doch trotzdem ist es so passiert. Nicht zufällig. Weil die Strukturen unserer jetzigen Gesellschaft dazu führen. Und wir uns mit großer eigener Bereitschaft immer mehr in eine konsumierende, möglichst abgelenkte, unreflektierte Masse verwandeln.

Es scheint etwas Großes, Kollektives zumindest dahin zu steuern und alles als aktives Werkzeug dafür zu nutzen.

Sollen wir einfach nichts tun?"

„Du musst nicht alles Rationale aufgeben, nur weil die Gesellschaft sich in der Pubertät befindet."

„Was denkst du denn tun wir gerade? Sonst würden wir jetzt doch nicht vor dir stehen!" sagt er, während er mit der Pfote um sich zeigt.

Er richtet sich noch weiter auf und meint: „Wir müssen die jetzigen Machtstrukturen zerschlagen. Und auch keine Diktatur der jetzt Schwächeren einführen, sondern eine herrschaftslose Welt, die stabil bleibt ohne Diktatur oder Geldherrschaft!"

„Sind das alles deine Gedanken?"

„Das meiste ist gestohlen…"

„Ja was sollen wir denn tun? Das müssen die doch selbst erkennen…"

„Wir alle lieben es doch, Publikum zu sein. Wird es nicht Zeit, das Stück zu schreiben?"

„Vielleicht ist die Welt noch nicht bereit!"

Er schaut mich an, geht wieder auf allen vieren und nickt mir zu. „Ohne Ende, ist alle umsonst" flüstert er.

Sie drehen sich um und gehen. Artamis, Pfote in Pfote, mit der Katze in die ich mich am ehesten hätte verlieben können.

Ich wollte aufstehen, doch beim Versuch, brach der Sessel unter mir in zwei Hälften und ich mir das Schlüsselbein. Meine Mutter fuhr mich ins Krankenhaus.

Alice in Kussmund Freudian Wood

— *Aleksandar Vadim*

It was one of these ethereal Venetian autumn evenings that can
make the most hard-boiled leatherface turn a little sentimental
when Alice ran into Professor Aschenbach who bemoaned his sad-
ness towards this world on a little table of a Grand Hotel facing the
darkness of the Lido.

When passing by this strange looking man Alice found a fluores-
cent source of discomfort in his eyes that struck a chord with her and
that made her want to find out more about the origin of his grief, but
it wasn't until a lot of affectionate sweettalk, sugary manipulations
and opalescent drinks later he would finally open up to her:

"I am suffering from toxic nostalgia, my dear", he said, "I am
longing for a world that no longer exists. I am craving for the days of
an earthly paradise that are gone for good. I pine after the place that
once was Vienna at the turn of the century: the cafes, the ideas, the
architecture and the arts, the good people and their burning secrets
within the vibrant nights of the fin-de-siècle ... but most of all: I
miss my precious friend Sigmund who is no longer with us and who
alone had the ability to make me feel like home for a moment in his
therapy room in Berggasse and save me from this cold and indiffer-
ent world of grey ..."

Alice, who listened to the old man's declarations with grow-
ing affection decided to give him a special treat on a whiff, so she
silenced him by slowly pressing her lickpot onto his lips and looked
deeply into his eyes: Aschenbach – caught by surprise but quickly
grasping the implication – said no word and sincerely returned her
gaze while leading her up to his room by the hand where – much
to his surprise – he would wake up alone the next morning to find
a precious bottle of perfume instead of a goodbye-note on Alice's

pillow. The mysterious bottle read "Freudian Wood", so Aschenbach sat back and closed his eyes with a streak of fatalism as he sprayed the atomizer twice:

And as the perfume unfolded, he saw the old books of Freud's personal library resurrect in front of him through the musty note of the labdanum; he felt the scent of the sweaty cumin evoking the oppressed sexuality of his beloved century in a milky haze of past times; he marveled at the notes of cypress and sandalwood recreating the woody workbench and the solid rack of the legendary couch of Berggasse with himself, Aschenbach, laying down to face the nether regions of the self, fueled by the animalic notes of the costus and abelmosk. After a long and weary battle the bottom note unrolled, and in the eternal depths of the ambergris Aschenbach rediscovered the breath of his late friend, who appeared to lean over him to console him.

"Sigmund!" Aschenbach cried, opening his eyes wide and shedding a silent tear.

Legend has it that this strange man Aschenbach became obsessed with this Edenic scent, and spent the next fortnight in his hotel room barely eating and ignoring his correspondence, in the posture of an animal, sweaty and with his hair dye dripping over his face onto his shorts, inhaling the perfume and talking gibberish to himself, spraying "Freudian Wood" over and over again with shaking hands like an addict until the precious liquid in the bottle was spent. The other guests of the Grand Hotel heard an ear-shattering outcry of despair chime through the halls.

Aschenbach departed the very same day and never returned to Venice, as it is said that poor old knut spent the rest of his days feverishly searching for another bottle of "Freudian Wood." But it is also said that he was unsuccessful because – unlike you, my dear reader – he has never crossed the doorstep of Kussmund.

— Sára Köhlein

zwei stumme Sprachen verorten uns im Raum wie eine Installation. wie viele Worte liegen im
Zimmer, wie viele Bücher stehen im Bücherregal

Ansammlung von Worten
Kleber, der uns zusammenhält

wir stellen uns vor:
Nachts am Strand
der Raum hat keine Decke
das Meer unendlich tief und die Sterne weit weg
hier können wir frei atmen

zwei schöne Frauen spazieren am Strand im blauen Mondschein
wir sind diese Frauen
mein Gesicht weiß wie eine Schaumwelle
ich schäme mich nicht für die Nacktheit meines Körpers, sondern
für die Nacktheit meiner Seele

zwei Männer leben monatelang im Leuchtturm zusammen
bis einer von ihnen den anderen umbringt
die Wellen schlagen gegen die Fenster wie umgedrehter Regen
wir nehmen die Masken ab
im Leuchtturm erwartet uns nichts Romantisches außer deiner
Vorstellungen
meiner Vorstellungen
was wäre, wenn wir
in einer Sommernacht
zum Leuchtturm rudern würden
die Ruder plätschern im Wasser die Wellen schwellen an
wir bleiben gestrandet

beim Leuchtturm
am Felsen
im Sturm
bis die Fenster zersplittern
und die letzte Flasche Rum leer ist
In deinem kalten Zimmer

— Sára Köhlein

I.
In der Dämmerung wartest du in deinem kalten Zimmer
Es hat geschneit
Deine Finger bluten
Und du gingst den ganzen Tag nicht hinaus
Im Abendlicht deines Zimmers
Siehst du schöner aus als je zuvor
Ich sehe dich durch das Fenster
Aber du weißt noch nicht
Dass uns die doppelte Scheibe trennt

II.
Es dämmert und du wartest in deinem kalten Zimmer
Auf einen Anruf
Der aber – wie ich weiß – nicht kommt
Draußen fallen die Schneeflocken auf den Balkon
Du warst den ganzen Tag hier drinnen
Und Tränen frieren auf deinen Wangen an
Ich öffne langsam den Schrank von innen
Und schleiche mich
Hinaus

III.
In der Dämmerung wartest du
Bis der Heizkörper wieder anspringt
Dein Körper gibt sein Blut auf
Du hast die Tür von innen abgesperrt
Und den Schlüssel vom Balkon geworfen
Jetzt liegt er dort für immer
Und du wartest
In deinem Zimmer
Während die Stadt überschneit

WEISST DU NOCH, DAMALS?

— Elena Nisevic

Back when we were sitting in the garden,
Not thinking about tomorrow:
That is the time I mean
When I ask, "Weißt du noch, damals?"

It was then that joy made us move,
Doubts had no room,
Pain was only felt physically
And silence did not follow each footstep.

Thinking about it now,
It feels like a fairytale and a blessing:
Childish nativity.

But even now
After new perspectives and experiences,
I sometimes wish we could play that narrative again,
Of an innocent child.

Il était une fois un texte

— *Yoann Guilloré*

Oui, un texte. Un simple texte qui n'était pas grand-chose.

Par exemple, il n'était pas une histoire où se mêlent amour, trahison, amitié. Alors ça, non. Pas de tension dans ses lignes et surtout pas de surprise. Il n'avait rien d'un récit fantastique où s'enchainent épique, tragique, romanesque et émerveillement. Il ne peignait aucun personnage. Ni prince, ni princesse, ni héros, ni ennemi aux desseins cruels. Non, il ne laissait aucune place à l'imagination. Pour être franc, vous permettre de vous évader était probablement le cadet de ses soucis.

Vous ne pouviez pas non plus compter sur lui pour le reste. Étayer un point de vue qui se heurte au vôtre pour vous conduire habilement à tout reconsidérer? Quelle drôle d'idée! Développer votre intellect? Enrichir vos connaissances? Témoigner d'un passé révolu? Toujours pas. Non, décidément, ce texte n'avait rien à vous dire et n'en avait que faire. Il n'était qu'un simple enchaînement de phrases sans grand intérêt et cela lui convenait fort bien.

Pourtant, l'histoire de ce texte mérite d'être contée. N'en doutez pas un instant car, voyez-vous, alors qu'il ne fait rien, si ce n'est peut-être susciter votre interrogation, alors qu'il ne propose absolument rien, il est là. Oui, il est bien là, ce texte qui n'a rien à dire dans un recueil qui en dit tant. N'est-ce pas en soit, une incroyable aventure?

TALES OF ONCE UPON A TIME

— Julia Unterkofler

There once was a busy street,
The streetlights hiding the stars.
A window was open, the wind came in;
A girl was reading on her bed:
"Tales of Once Upon a Time".
She read about princes slaying dragons to save their princess,
About kissing frogs to find true love
About witches and dwarves.
The girl closed the book and thought to herself:
Once Upon a Time there was a girl who slew her own dragons
And she lived happily ever after
All by herself

ARCHE NOAH

— Dietmar Koschier

Rübezahl steht in einem Bottich voll Preiselbeeren.
Engel führten die 7-Tage-Woche ein.
Weihrauch statt Betäubungsmittel.
Hochmut par excellence in „Ich bin wie du!"
Erbarmen siegt über Pflichtgefühl.

Meine beiden Katzen werden sagen: „Er war ein gutes Herrchen –
aber er war ein Mensch …!"

ENGEL

— Dietmar Koschier

Unsere Sünden haben uns ins Exil getrieben, fern unserer wahren
Heimat.
Doch wir kamen in diese Welt, um anders zu sein.
Unser größter Wunsch ist es, wieder mit Gott vereint zu werden,
und alle, die mit Gott zu sein wünschen,
mit denen ist Gott;
jederzeit, überall, an guten wie an schlechten Tagen.
Bis das Schicksal über unsere Plagen spricht: „Genug!"

ES WAR NICHT ALLES SCHLECHT AM ...

— Dietmar Koschier

KOMMUNISMUS

1. Internationale Solidarität
2. Che-Guevara-Poster
3. Märchenfilme aus den 70er-Jahren der DDR

NATIONALSOZIALISMUS

1. Kinderbeihilfe
2. ---
3. ---

KAPITALISMUS

1. ---
2. ---
3. ---

MENSCHEN UND EIN ENGEL

— Dietmar Koschier

Ich habe nicht nichts mit euch gemein, jedoch nur wenig.
Aber immer noch mehr, als mir lieb ist.
Ihr verworfenen Kinder, ihr Bastarde des Universums, ihr Plage für
den Planeten Erde, ihr halben Dämonen, ihr verirrten Schafe, ihr

TV-Konsumenten und Supermarktsüchtigen, ihr seelisch gepanzer-
ten Blindgänger …
Nach euch wird dieser Albtraum vorüber sein …!

PIER PAOLO PASOLINI

— *Dietmar Koschier*

Ich bin eine gewaltige Kraft aus der Vergangenheit,
meine Liebe schwindet zusammen mit den Traditionen.
Ich komme aus Ruinen, aus Kirchen, von den Altären, von Bauern-
märkten …
vergessen von den Pyrenäen bis zu den Alpen,
wo meine Geschwister wohnten.
Ich trage eine solche Verlorenheit in mir,
wie ein verirrter Hund auf der großen Straße.
Gerne betrachte ich das dämmernde Morgengrau
über der Ewigen Stadt, über den Gletschern, über der Erde,
wie zu Zeiten der Vorgeschichte,
an die ich segnend denke
am Rand eines begrabenen Zeitalters.
Monströs sind jene, die Eingeweide eines Toten gebären,
und ich, erwachsener Fötus,
ich irre, modern unter Modernitäten,
umher auf der Suche nach meinen Brüdern,
die es längst nicht mehr gibt.

DIE STIEFMUTTER

— *Rick Lupert*

Die beiden Kleinen waren mir anfangs das Wichtigste auf der Welt. Nachdem ich ihren Vater kennengelernt hatte, erschien mir alles möglich. Alles Gute, natürlich. Ich war verliebt, war überglücklich, als er mir die Kinder vorstellte, fühlte mich geehrt und kam auch gut damit zurecht, dass die Kinder auf Distanz zu mir gingen. Das erschien mir nur natürlich; ihre Mutter, also ihre leibliche, war noch nicht lange tot und sicherlich fühlten sie sich in ihrer Trauer allein gelassen und verraten, als ihr Vater mit mir nach Hause kam. Er ließ sich, nebenbei, recht leicht trösten. Heute sehe ich, dass ich nur Ablenkung war. Sobald ein Mann einen geblasen bekommt, ist das mit der Untröstlichkeit vorbei, so meine Erfahrung. Das ist mir aber auch erst jetzt, nach all dem Schlamassel klar geworden: Als wir uns kennenlernten und er mir vom Tod seiner Frau erzählte, scheine ich es mir sofort zur Aufgabe gemacht zu haben, ihn zu retten. Wie gesagt, zu Beginn deutete ja auch alles darauf hin, dass ich erfolgreich war: Er wirkte gelöst, seine Stirn lag nicht mehr so oft in Falten, wie als wir uns kennenlernten, er ging mit Elan zur Arbeit und der Sex war der beste, den ich jemals hatte. Schlussendlich heirateten wir sogar. Die Kinder waren auch davon nicht sonderlich begeistert. Vielleicht hätte ich mich irgendwann mal mit ihnen hinsetzen müssen, um ihnen zu zeigen, dass mein offenes Ohr auch für sie da war, dass ich auch sie trösten wollte.

Mit der Heirat, die die beiden wie in Trance mitmachten, änderte sich aber alles. Jetzt, da ich „fix" war, schlug ihr stummer Widerstand gegen mich in Angriff um. Ich wusste nicht, was ich tun sollte: Mein Mann, ihr Vater, ging den ganzen Tag arbeiten, sagte er wenigstens, und wenn die Kinder aus der Schule nach Hause kamen, hatte ich sie an der Backe. Und da fingen sie mit ihren kleinen Psychospielchen an: Sie waren an einem Tag zuckersüß, kleine Engel, lobten mein Essen, benahmen sich auch sonst, nur um am nächsten Tag die Teller auf dem Tisch umzukippen und wortlos aufzustehen, mich zu beschimpfen, in Weinkrämpfe zu verfallen oder tobsüchtig den Boden zu malträtieren. Oder sie schrieben mir kleine Zettel: „Unsere Mama hat besser gekocht." „Du zerstörst unsere Familie." „Papa liebt nur unsere echte Mama." Manchmal hätte ich ihnen am liebsten Briefchen zurückgeschrieben: „Eure Mama wird nie mehr etwas kochen." „Ohne mich wärt ihr gar keine Familie." „Euer Papa wirkt immer sehr verliebt, wenn er mich ansieht (sogar verliebter, als wenn er euch ansieht)."

Ich muss ehrlich zugeben, ich hatte Mordfantasien. Wer hat sie nicht? Ich stellte mir vor, wie ich ihr hübsches, blond bezopftes Köpfchen gegen eine Wand schlug, bis es aufbrach und ich stellte mir vor, wie ich ihm seine eigenen Hände so tief in den Mund stopfte, dass er erstickte. Irgendwie machen mich diese Vorstellungen noch heute glücklich, obwohl sich das Problem nun auf ganz andere Art und Weise gelöst hat.

Denn als ich dahinterkam, dass mein Mann, der ach so tolle Vater der Kleinen, den ganzen Tag nichts anderes tat, als auf einer Parkbank zu sitzen und Enten zu füttern, war es schon zu spät. Er war längst gekündigt worden, auf dem Konto, von dem alle monatlich anfallenden Kosten des Haushalts abgebucht wurden, war so gut wie nichts mehr drauf, und er stand dem sogar dann noch gleichgültig gegenüber, als ich ihn damit konfrontierte. Da erst sah ich, wie groß der Fehler, den ich mit dieser Ehe begangen hatte, tatsächlich war und wie sehr ich mir damit mein eigenes Leben zerstört, meine eigene Zukunft verbaut hatte. Eines Nachts, wir hatten beide viel getrunken und viel gestritten, kam ich auf die Idee, um Geld zu sparen, die Kinder wegzugeben. Wir hätten uns sowieso nicht mehr um sie kümmern können. Bei uns hätten sie es nicht gut gehabt. Aber, um ehrlich zu sein, war dieser Vorschlag mehr ein Witz, ein schlechter zwar, aber ein Witz, um die Stimmung aufzulockern. Als mein Mann dann aber so … ernst und, wichtiger, zustimmend darauf reagierte, konnte ich auch nicht mehr zurückrudern. Ich erwartete nicht, dass ihnen etwas zustoßen würde. Was konnte ich denn dafür, dass sie so blöd waren und sich entführen ließen? Und das, als sie schon mal wieder zurückgefunden haben. Ja; wir hatten diese Entscheidung, sie auszusetzen, zweimal getroffen, weil sie einmal wieder zurückgekommen waren. Die Entscheidung trafen wir beim zweiten Mal nicht bei einem Gespräch, das passierte einfach. War irgendwie logisch nach dem ersten Mal. Ich erwartete, dass sie auch bei dieser Gelegenheit wieder zurückfänden (in Wirklichkeit wollte ich ihnen ja nur einen Schreck verpassen und ihnen heimzahlen, wie sie mich behandelt hatten). Aber nein, sie kamen nicht zurück und fanden sich auch in keinem Kinderheim oder sonst wo. Tragisch, tragisch. Ich rief Sie dann an, Herr Polizist. Mein Mann hätte es vielleicht dabei belassen.

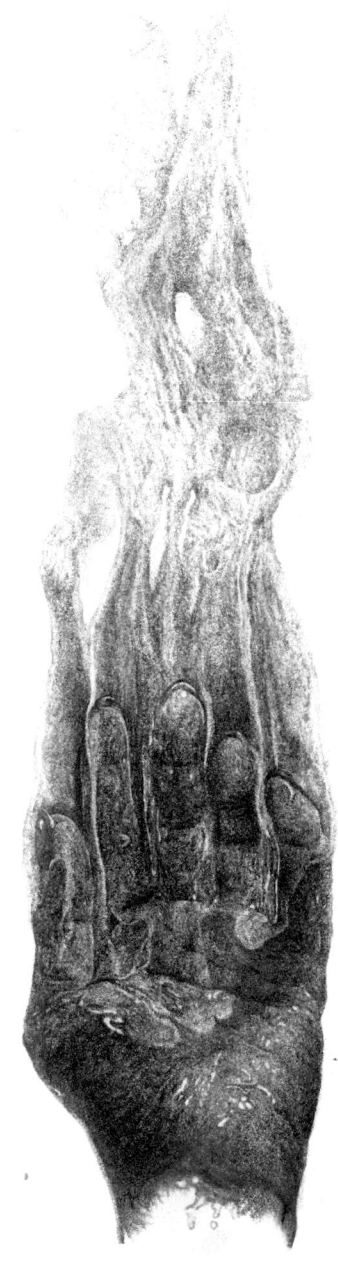

Katharina Prazuch, *Als ob/As if*
Druckbleistift auf Papier, 21 x 29,7 cm, 2020

БОЖЕСТВЕННЫЙ ВЕНЗЕЛЬ

— Александр Снегирёв

Мы смотрели на желтое море и ждали, когда принесут еду. Ресторан располагался на террасе над пляжем. Город, выстроенный русскими колонизаторами, громоздился выше, изо всех сил делая вид, будто не замечает, что стоит у моря. Пляж, втиснутый между рестораном и портом, оказался невелик, остальная прибрежная полоса была пустынной, и только груды мусора украшали ее.

Город отворачивался от желтых волн, устремляясь в горы. Давным-давно русские завоеватели согнали оттуда предков нынешних горожан, распределили их тут, в долине, в обустроенные дома на прямых длинных улицах. Захламленные набережные и разномастные пристройки, до неузнаваемости залепившие регулярные фасады, сообщали об ослаблении русской хватки и сползании аборигенов в привычную кособокую среду с глухими стенами, закупоренными дворами, с недоверием, враждой, а главное — со страхом перед бескрайним пространством моря.

Мы сидели на пустой террасе и рассуждали обо всем этом, а еще о том, что цивилизация, какими бы жестокими методами она ни насаждалась, все равно лучше, чем Средневековье. Что бы ни говорили про жестокость русских экспедиционных полков, но именно они принесли сюда архитектуру, письменность, искусство, науку, антибиотики и бесчисленное множество других вещей, без которых человека и человеком-то не всегда можно назвать.

Пока мы упивались величием культуры предков, а соответственно и самих себя, официантка с красивым лицом в пятнах принесла блюда, и мы смолкли. Аппетит наш был вызван не только голодом и морским воздухом, но и кулинарными достоинствами еды. Когда тарелки опустели, настрой наш сменился с воинственного на куда более миролюбивый. Лениво продолжив обсуждение, мы признали, что в этой грубой на первый взгляд неупорядоченности есть своя прелесть, которая, возможно, не хуже, а может, даже лучше бульваров с тенистыми аллеями, особняков с лепными фасадами и драматических театров с классическими постановками.

После глотков, сделанных из бокалов и рюмок, мы совсем подобрели и сошлись на том, что жизнь повсюду разная, что так и задумано природой и наше дело не сетовать, а вникать, наслаждаться и не мешать другим. Философствованию мы, однако, предавались недолго и вскоре перешли на воспоминания.

Нас было трое: знаменитый пожилой профессор, ваш покорный слуга и блистательная дама, верховодящая в нашей троице по причине того, что ни я, ни тем более профессор не любили спорить. Мы приехали на форум, посвященный диалогу культур. Существовал этот форум только потому, что позволял здешним чиновникам отчитываться перед центром. В результате у редеющей местной интеллигенции рождалась иллюзия причастности к великой культуре слабеющей метрополии. Умиротворенные пищеварением, мы принялись делиться забавными и курьезными историями из прошлого и скоро вышли на извечную тему захлопнувшейся двери. Тут-то наша блистательная предводительница и взяла слово…

Случилось это лет двадцать тому назад. Ей тогда было… Рассказчица с шутовским кокетством задумалась…. Сколько бы ни было, она и тогда уже блистала не тусклее теперешнего, была вся из себя и ходила по своей красивой квартире в фиалковой пижаме и на каблучках. При такой своей соблазнительности была она особой не ветреной, на сторону не глядела и хранила верность мужчине, любившему лежать на диване в гостиной. Лежал он не просто так, а в наушниках, через которые транслировались божественные органные мелодии. Рассказчица музыку любила, но умеренно, поэтому наушники и появились — ну не могла она регулярно выносить всю эту церковную патетику. Чтобы не лишать своего спутника жизни любимого хобби, она купила наушники и однажды вечером нежно надела на его голову. Слушай на здоровье, дорогой. Так они время и проводили: он — в наушниках на диване, а она — на каблучках по комнатам. Цокала и думала, как же у нее все уютно и красиво. И сигареты одну за другой выкуривала.

В один из таких вечеров, когда он, по обыкновению, прикрыв глаза, наслаждался сложными гармониями, а она докурила очередную с ментолом, ей пришла мысль выглянуть в окно. По ту сторону стекол стоял январский мороз, во дворе не было ни души, надвигалась ночь. От увиденного нашей героине стало совсем хорошо: она в тепле и уюте, а там вон какой минус и неприкаянность. И тут удивительное и вместе с тем распространенное желание охватило ее — захотелось выйти туда, в эту застывшую темень. Не выйти даже, а только нос высунуть. Чтобы обожгло. Мороз подразнить — и обратно к масляной и акварельной живописи на стенах, к фарфору в буфете, к паркету на полу. Именно такое желание тянет нас из благополучных городов в дикие края. Именно оно подталкивает папиных дочек на баррикады, а маменькиных сынков превращает в кровожадных героев. Хочется острее почувствовать, как же на самом деле хорошо дома!

Простучав каблучками мимо заслушавшегося мужчины, она, как была в фиалковой пижаме, вышла в прохладный подъезд. Тишина стояла абсолютная; даже показалось, что лифт, разбуженный ее вызовом, очень удивился. Спустившись, она открыла дверь.

Мороз, как страстный любовник, хлестнул по лицу и тотчас

оказался везде: ворошил волосы, шарил под пижамой, пощипывал пальчики ног. И она доверчиво подалась ему навстречу. Всего один шажок — только вкусить немного и обратно.

Что случилось после, угадать нетрудно. Интерес представляют лишь детали. Шагнув из подъезда, она ступила каблучком на обледенелый гранит, поскользнулась, отпустила дверь и упала, а когда поднялась, дверь уже захлопнулась, и ей ничего не оставалось, как ощупывать фиалковые закрома в тщетных поисках ключа.

Настырность мороза больше не будоражила — наша рассказчица стремительно замерзала. Звонки в собственную квартиру ни к чему не привели — орган в наушниках заглушал любые домофонные трели. Она принялась трезвонить во все квартиры подряд. Но вот незадача: дело происходило в первых числах января — все укатили на каникулы, в целом подъезде светились только ее окна. Упрекнуть в черствости было решительно некого, даже пресловутые наушники — ее собственная инициатива.

Потыкав кнопки, она неловко бросила в своё окно ледышку. Ледышка не долетела, глухо стукнувшись в чужое тёмное стекло. Во двор въехал автомобиль и покатил в ее сторону. Надеясь увидеть за рулем кого-нибудь из соседей, наша героиня воспряла духом. Когда же она разглядела на водительском сиденье мужчину, то и вовсе перестала некрасиво ежиться и потирать стынущие ладони, а распрямила спину и только эффектно притопывала каблучками.

Водитель заглушил мотор и, прежде чем выйти, повозился в салоне. Она еще мысленно поторопила его, мол, долго копаешься. Когда же она увидела его в полный рост, то поняла — судьба свела ее с мужчиной, без всяких сомнений, интересным, жаль только, что с букетом. Тут ее постигло еще одно разочарование — новоприбывший направился не к подъезду, а в ресторан напротив.

Глядя тоскливо на плотно укутанный букет и думая о том, что о каких-нибудь уругвайских розах заботятся больше, чем о ней, она отбросила остатки кокетства и, потирая бока, дуя в кулаки и хлюпая успевшим изрядно покраснеть носом, последовала за интересным мужчиной.

Гордо вскинув голову в ответ на вопросительный взгляд гардеробщика, она оправила пижаму и, как можно вальяжнее, вошла в зал. Ресторан пустовал, занят был лишь один стол, за который и устремился человек с букетом. Компания веселых людей встретила его радостными возгласами, а одна дама, получив цветы, бросила на дарителя такой взгляд, что наша едва не околевшая героиня с отвращением отвернулась.

Усевшись у стойки, она несколько раз выразительно вздохнула и на вопрос — что сударыня желает? — рассказала бармену о своих злоключениях. Тот выслушал, пересказал все управляющему, который вошел в положение, и несчастной подали согревающий напиток. Подали, прошу заметить, совершенно бесплатно.

Жидкость согрела тело и размягчила сердце. Стало жалко саму себя. Устроенная, казалось бы, не одинокая, живопись опять же, фарфор, паркет… и вдруг угодила в такое нелепое происшествие. Она думала о человеке в наушниках, о его к ней чувствах, о том, что ее ухода он до сих пор не заметил, что винить его не в чем, что жить с ним дальше нельзя, а без него невыносимо.

Здесь надо отметить, что никаких романтических поворотов судьбы, какие часто случаются на страницах, посвященных зимним праздникам, с героиней не случится. Нельзя заранее предуведомлять читателя о развитии сюжета, а уж тем более нельзя предупреждать о бесперспективности самых распространенных надежд, но это надо сделать именно сейчас, когда согревшаяся и захмелевшая героиня в очередной раз бросила взгляд на интересного мужчину и горько задумалась о своем, изменяющем ей на диване с Бахом. Именно теперь с ней, казалось бы, и должна случиться встреча. Именно теперь, когда она, униженная, оказалась на критически близком расстоянии от чужого тепла, должно случиться нечто очень важное.

Должно случиться и случится. Но не то, на что рассчитывали и мы с профессором, и она сама, и вы, дорогие читатели. Встреча ей и в самом деле предстояла, но не та, которую ждём все мы, запрограммированные любовными историями с так называемым «счастливым концом».

Прикончив согревающий напиток и даже прожевав вместе с кожурой апельсиновую дольку, насаженную на край стакана, она поняла, что не может больше оставаться в ресторане ни минуты, тем более что интересный мужчина пригласил обладательницу букета на медленный танец. Поблагодарив персонал за отзывчивость, миновав гардеробщика, она вышла во двор и направилась к своему подъезду.

Тут-то ее внимание и привлекла приоткрытая калитка в стене. Было известно, что эта стена огораживает сад старинной усадьбы. Калитка всегда была заперта, и сколько наша блистательная рассказчица жила здесь, столько она знала о существовании сада и о том, что попасть в него нет никакой возможности. Краешек его можно было увидеть с верхних этажей, но это толком ничего не сообщало, а проситься в квартиры под крышей ради сомнительного созерцания казалось неподобающим. Когда она была второклассницей, возникали идеи перелезть через стену, но стена была непреодолимо высока. С годами интерес поубавился и почти вовсе забылся, что снова вспыхнуть, когда перед ее глазами оказалась приоткрытая калитка.

Она толкнула черный, весь в клепках, железный лист. Руку обожгло ледяным металлом, тяжелая створка подалась.

Взору открылся даже не сад, а целый парк. Зима стояла малоснежная, лишь кое-где серели мерзлые комки. Фонарей или других источников света не было. Свет лился с неба, в котором мерцали золото и пурпур городской ночи. Кустарники, клумбы, дорожки и фонтан были окрашены в шелковистые оттенки бесцветья. Вдоль стен выстроились деревья, сформированные рукой садовника. Своими заплетенными, будто калачи, безлистными кронами они напоминали огромные выбивалки для ковров. Пышные, прямоугольно остриженные туи выстроились в лабиринт, в самом центре которого зияла опустевшая чаша фонтана. Над чашей возвышался замшелый каменный купидон, обхвативший здоровую рыбину. В жаркие деньки из рыбьей пасти наверняка хлещет сверкающая струя, фонтан полон, а в кронах поют соловьи.

Каблучки хрустели по туевому лабиринту, среди уснувших клумб и куртин, мимо растений-пирамид и растений — диковинных фигур. Температура окружающего воздуха падала, а женщина в фиалковой пижаме никак не могла насмотреться. Раньше ей приходилось видеть множество разных парков, знаменитых и не очень, больше и красивее этого, но почему-то никогда парк не волновал так, как теперь. Ей даже показалось, что идет она не по простым дорожкам, а повторяет своими шагами контуры какого-то таинственного вензеля. Может быть, даже вензеля самого Господа Бога.

Возможно, причиной таких мыслей стало ее падение на ступеньках, хотя головой она вроде не ударилась. Или на нее так подействовал согревающий напиток на основе крепкого вина, фруктов и специй. Или общее переохлаждение и утрата веры в собственную незыблемость. Или все это приключение в целом… А может, ее фантазию возбудило незапланированное осуществление детской мечты? Да и неважно, в чем причина, а важно взявшееся откуда-то отчетливое понимание, что именно сейчас происходит ее самая главная встреча, что в деревьях, растениях, лабиринте и фонтане заключены все ответы, и прежде всего главный, сообщающий, что никаких ответов нет.

Потом она не могла вспомнить, что было сначала: она увидела или ощутила. Пошел снег. Она не подняла глаз, не ловила снежинки губами. Ничего такого. Снег падал на пирамидальные и прямоугольные хвойные, на деревья-выбивалки, на дорожки, на купидона и на фиалковую пижаму. Снег стал падать одновременно с наступлением осознания. И сразу сделалось холодно.

Подгоняемая отчаянием, подхлестываемая оборзевшим морозом, она поспешила вон из сада и не заметила, как снова оказалась перед запертой дверью родного подъезда. Она опять позвонила в собственную квартиру, и ее бесконечные трели опять остались без ответа. Тогда она стала нажимать на все кнопки подряд, поочередно и разом, и дверь вдруг открылась. Навстречу вышла соседка с мерзкой собачкой на руках.

- Вы к кому? – спросила соседка, а собачка залилась визгливым лаем.

Не отвечая, дрожащая бедняга в пижаме прорвалась внутрь.

В квартире ничего не изменилось. Судя по положению лежащего на диване, в наушниках по-прежнему гремел орган. С момента ее ухода не прошло и часа.

Профессор произнес в честь рассказчицы тост, а я задал три вопроса: как у нее после этого с ее меломаном, бывала ли она в саду еще, и содержится ли в случившемся мораль? Отвечая на первый вопрос, она сказала, что все без изменений. Меломан по-прежнему лежит и слушает, разве что диван новый купили. В саду она больше не бывала — калитка всегда заперта. А мораль...

— В чем истина? — спросила наша блистательная предводительница и тут же ответила сама: — Каждый из нас знает ответ. Но мы притворяемся и обманываем себя, подобно этому городу, который делает вид, будто моря не существует. Но море от этого никуда не девается и каждый день, каждую минуту подтачивает город. Вот и мы думаем, что если не видим сада, значит — его нет. А сад есть. И открывается он нам тогда, когда мы меньше всего этого ждем.

DAS MONOGRAMM GOTTES

— *Alexander Snegirjow / Übers. Konstantin Krautgasser*

Wir blickten auf das Gelbe Meer und warteten auf unser Essen, das Restaurant befand sich oberhalb des Strandes. Die Stadt, die von russischen Kolonialisten erbaut worden war, türmte sich hinter uns hoch auf und tat so, als würde sie nicht bemerken, dass sie am Meer lag. Abgesehen von dem kleinen, zwischen Restaurant und Hafen eingeklemmten Strand war der Küstenstreifen menschenleer und nur mit Müllhaufen geschmückt.

Die Stadt wandte sich von den gelben Wellen ab und türmte sich in Richtung Berge auf. Vor langer Zeit vertrieben die russischen Eroberer die Vorfahren der heutigen Stadtbewohner von dort und verteilten sie hier im Tal in möblierten Häusern an langen, geraden Straßen. Überfüllte Uferstraßen und bunte Zubauten mit bis zur Unkenntlichkeit verschmierten Fassaden zeugten von der Schwächung des russischen Einflusses, von den Ureinwohnern, die an einen schiefen Lebensraum mit öden Wänden und abgekapselten Innenhöfen gewohnt waren, von Misstrauen, Feindseligkeit und vor allem von Angst vor der Weite des Meeres.

Wir saßen auf der leeren Terrasse und sprachen über all das und darüber, dass der Prozess der Zivilisierung, egal wie brutal er ist, immer noch besser ist als im Mittelalter zu verweilen. Egal, was über die Grausamkeit der russischen Expeditionsregimenter gesagt werden kann, sie haben Architektur, Schrift, Kunst, Wissenschaft, Antibiotika und unzählige andere Dinge hierhergebracht. Dinge, ohne die ein Mensch niemals als Mensch bezeichnet werden könnte.

Während wir die Größe der Kultur unserer Vorfahren und dementsprechend uns selbst lobten, brachte eine Kellnerin mit einem schönen, mit Sommersprossen bedeckten Gesicht unsere Speisen und wir verstummten. Unser Appetit wurde nicht nur durch Hunger und Seeluft angeregt, sondern auch durch das vorzügliche Essen. Als die Teller leer waren, änderte sich unsere Stimmung von einer vormals kriegerischen zu einer viel friedlicheren. Unsere Diskussion faul fortsetzend, erkannten wir, dass diese auf den ersten Blick raue Unregelmäßigkeit ihren eigenen Charme hatte, der wahrscheinlich dem von Boulevards, schattigen Alleen, Villen mit Stuckfassaden und altphilologischen Theatern in nichts nachstand oder sogar vorzuziehen war.

Nach Trunk aus Pokal und Glas wurden wir etwas gutmütiger und waren uns einig, dass das Leben überall anders ist, dass die Natur es so beabsichtigt hat und wir uns nicht beklagen, sondern verstehen sollten, uns am Fremden zu erfreuen, statt uns daran zu stören. Wir haben uns jedoch nicht lange dem Philosophieren hingegeben und uns bald Erinnerungen zugewandt.

Wir waren zu dritt: ein berühmter, betagter Professor, Ihr untertänigster Diener werte Leserinnen und Leser und eine strahlende Dame. Sie war die Anführerin unserer Dreifaltigkeit, da der Professor und ich nicht gerne stritten. Wir kamen auf Einladung des Forums für den interkulturellen Dialog. Dieses Forum existierte nur, damit die hiesigen Beamten in der Hauptstadt über etwas Bericht erstatten konnten. Infolgedessen entstand bei der sich ausdünnenden ortsansässigen Intelligenzia die Illusion, dass sie einen Beitrag zu der großen Kultur der schwächelnden Metropole geleistet hätten. Von unseren vollen Bäuchen versöhnlich gestimmt, begannen wir uns kuriose, amüsante Geschichten aus längst vergangenen Tagen zu erzählen und kamen bald auf das ewige Thema der verschlossenen Türen. Unsere strahlende Anführerin übernahm das Wort …

Es war vor etwa zwanzig Jahren. Damals war sie … dachte die Geschichtenerzählerin kokett … egal, sie strahlte damals nicht weniger als heute, war ganz sie selbst und ging in ihrem veilchenblauen Schlafanzug und auf hohen Absätzen durch ihre schöne Wohnung. Trotz ihrer Verführungskünste war sie keinesfalls eine treulose Person, sah nicht links, nicht rechts und blieb bei ihrem Mann, der es liebte, am Sofa im Wohnzimmer zu liegen. Er lag nicht bloß untätig da, aus seinen Kopfhörern schallten laute Orgelmelodien. Die Erzählerin liebte Musik, aber in Maßen. Deshalb die Kopfhörer – sie konnte all diesen kirchlichen Pathos nicht ununterbrochen ertragen. Um ihren Lebensbegleiter nicht seines geliebten Hobbys zu berauben, hatte sie die Kopfhörer gekauft und sie ihm eines Abends sanft aufgesetzt. Denk an deine Gesundheit, Liebster. So verbrachten sie ihre Zeit: er mit Kopfhörern auf der Couch und sie auf Absätzen in den übrigen Zimmern. Sie stöckelte durch die Wohnung und dachte, wie schön und behaglich alles doch ist, wobei sie eine Zigarette nach der anderen rauchte.

An einem dieser Abende, an denen er wie üblich seine Augen schloss, komplexe Harmonien genoss und sie eine weitere Mentholzigarette ausdrückte, kam ihr der Gedanke aus dem Fenster zu schauen. Auf der anderen Seite des Glases war Januarfrost, keine Seele im Innenhof, die Nacht rückte näher. Das Bild, das sich ihr zeigte, befriedigte unsere Heldin: Sie war im Warmen, Gemütlichen und draußen: Minusgrade und Rastlosigkeit. Und doch überkam sie das merkwürdige, jedoch weit verbreitete Verlangen abzutauchen, in die eingefrorene Dunkelheit. Nicht abzutauchen, sondern bloß die Nase rauszustrecken. An der Kälte zu nippen. Der Frost neckt – aber zurück zu Öl- und Aquarellgemälden, zu Porzellan in der Anrichte, zum Parkettboden. Es ist das Verlangen, das uns von den wohlhabenden Städten in wilde Gegenden zieht. Es ist das, was Papas Töchter auf die Barrikaden treibt und Mamas Söhne zu blutrünstigen Helden macht. Schärfer fühlen, dass es zu Hause wirklich am schönsten ist!

Sie klackerte auf ihren Absätzen an ihrem Musik hörenden Mann vorbei und ging in ihrem veilchenblauen Schlafanzug ins kühle Treppenhaus. Die Stille war absolut; es schien sogar, als wäre selbst der von ihrem Knopfdruck geweckte Lift überrascht, jemanden zu sehen. Sie fuhr hinab und öffnete die Tür.

Der Frost peitschte ihr wie ein leidenschaftlicher Liebhaber ins Gesicht und fiel sofort über sie her: Er zerzauste ihre Haare, kroch unter ihren Schlafanzug und kniff ihr in die Zehen. Leichtgläubig gab sie sich ihm hin. Nur ein kleiner Schritt – nur ein wenig ausprobieren und wieder zurück.

Was danach geschah, ist leicht zu erraten. Von Interesse sind nur die Details. Sie trat mit einem Absatz aus der Tür auf den eisigen Granit, rutschte aus, ließ die Tür los, fiel und als sie aufstand, war die Tür bereits zugeschlagen. Ihr blieb nichts anderes übrig, als ihren Schlafanzug vergeblich nach ihrem Schlüssel wie nach einer Nadel in einem veilchenblauen Heuhaufen abzutasten.

Der dummdreiste Frost war nun überhaupt nicht mehr prickelnd – unsere Erzählerin vereiste schnell. In der eigenen Wohnung zu klingeln führte zu nichts. Die Orgel in den Kopfhörern übertönte die Glocke. Nacheinander versuchte sie es bei allen Wohnungen, aber genau hier lag das Unglück: es war Anfang Januar – alle waren über die Ferien weggefahren und im ganzen Haus leuchtete nur ihr eigenes Fenster. Sie konnte niemandem Vorwürfe machen, auch nicht den berühmt-berüchtigten Kopfhörern – diese waren schließlich ihre eigene Initiative gewesen.

Sie drückte auf die Klingeln und versuchte ungeschickt einen kleinen Eisbrocken an ihr Fenster zu werfen. Der Eisbrocken verfehlte sein Ziel und klopfte stumm an das Glas eines fremden Fensters. Ein Auto im Hof rollte in ihre Richtung. In der Hoffnung, einen Nachbarn hinter dem Lenkrad zu sehen, wurde unsere Heldin frohen Mutes. Als sie einen Mann auf dem Fahrersitz entdeckte, hörte sie sogleich auf, sich unschön zusammenzukauern, rieb ihre Handflächen aneinander, streckte ihren Rücken durch und trat nur effektvoll mit ihren Absätzen auf der Stelle.

Der Fahrer stellte den Motor ab und hantierte noch mit irgendetwas im Innern seines Autos herum, bevor er ausstieg. In Gedanken trieb sie ihn zur Eile – was kramst du so lang herum? Als sie ihn in voller Größe sah, wurde ihr klar, dass das Schicksal sie mit einem Mann zusammengeführt hatte – ohne Zweifel interessant, nur schade, dass er einen Blumenstrauß dabeihatte. Dann wurde sie neuerlich enttäuscht – der Neuankömmling ging nicht zum Hauseingang, sondern zum Restaurant gegenüber.

Traurig blickte sie auf das fest eingewickelte Bouquet und dachte, dass selbst irgendwelche Rosen aus Uruguay besser umsorgt werden als sie. Sie warf die Reste ihres Schamgefühls über Bord, rieb sich die Seiten, blies in ihre Fäuste und folgte mit beachtlich roter, verschnupfter Nase dem interessanten Mann.

Als Reaktion auf den fragenden Blick der Garderobenfrau hob sie stolz den Kopf, richtete ihren Schlafanzug gerade und betrat so aufrecht wie möglich das Lokal. Bis auf den Tisch, zu dem der Mann mit Blumenstrauß eilte, war das Restaurant leer. Eine fröhliche Gesellschaft begrüßte ihn mit freudigen Ausrufen und eine Dame, die Empfängerin der Blumen, warf dem Schenkenden einen Blick zu, dass unserer Heldin fast schlecht wurde und sie sich angewidert abwenden musste.

Sie setzte sich an die Theke und seufzte mehrmals ausdrucksvoll und auf die Frage – was wünschen gnädige Madame? – erzählte sie dem Barkeeper von ihren Missgeschicken. Dieser hörte zu und erzählte seinem Vorgesetzten, der an den Tresen getreten war, alles nach und der Unglücklichen wurde ein wärmendes Getränk serviert. Ausgegeben, bitte zu vermerken, völlig kostenlos.

Die Flüssigkeit erwärmte den Körper und erweichte das Herz. Sie bekam Mitleid mit sich selbst. Komfortabel schien es, nicht mehr einsam, wieder Gemälde, Porzellan, Parkett ... und plötzlich so ein absurder Zwischenfall. Sie dachte an ihren Mann mit den Kopfhörern, an seine Gefühle für sie, daran, dass er ihr Verschwinden immer noch nicht bemerkt hatte, dass es nichts gab, wofür sie ihm die Schuld geben konnte, dass sie nicht weiter mit ihm leben konnte, aber es ohne ihn unerträglich war.

Hier muss erwähnt werden, dass unserer Heldin kein romantischer Schicksalsschlag passieren wird, wie es oft in Geschichten über die Weihnachtsferien der Fall ist. Es ist unangebracht, die Entwicklung der Handlung vorwegzunehmen und noch weniger darf man die Aussichtslosigkeit der gerade aufkeimenden Hoffnung enthüllen, aber dies muss gerade jetzt getan werden, als die wieder erwärmte und angetrunkene Heldin einen Blick auf den interessanten Mann warf und bitter über ihren nachdachte, der sie auf der Couch mit Bach betrog. Gerade jetzt schien es ihr, dass nun eine Wendung bevorstand. Gerade jetzt, als sie in prekärer Entfernung zu heimischer Wärme war, sollte etwas ausgesprochen Wichtiges passieren.

Es muss passieren und es wird passieren. Aber nicht das, was der Professor und ich, selbst unsere Heldin und Sie, werte Leserinnen und Leser, erwartet haben. Die Wendung kam wirklich auf sie zu, aber nicht wie sie in uns durch Liebesgeschichten mit sogenanntem „Happy End" vorprogrammiert ist, wie wir es erwarten.

Nachdem das wärmende Getränk ausgetrunken und auch die Schale der durchgekauten Orangenscheibe auf den Rand ihres Glases gepflanzt worden war, dämmerte es ihr, dass sie keine Minute länger im Restaurant bleiben konnte, zumal der interessante Mann die Besitzerin des Straußes zu einem langsamen Tanz einlud. Sie dankte dem Personal für dessen Anteilnahme, ging an der Garderobe vorbei ins Freie, in Richtung ihrer Haustür.

In diesem Moment richtete sich ihre Aufmerksamkeit auf ein angelehntes Tor in der Gartenmauer. Sie wusste, dass die Mauer den Garten des alten Gutshofes umschloss. Seit unsere strahlende Erzählerin hier lebte, war ihr über den Garten nur bekannt, dass das Tor immer verschlossen war und es keinen anderen Weg hinein gab. Der Rand des Gartens war von den oberen Stockwerken aus zu sehen, was aber nicht viel über ihn verriet und es schien ihr irgendwie unangebracht bei den Wohnungen unter dem Dach verdächtige Nachforschungen anzustellen. Als sie eine Zweitklässlerin gewesen war, hatte sie die Idee über die Mauer zu klettern, aber diese erwies sich als unüberwindbar hoch. Über die Jahre nahm ihr Interesse ab und verschwand fast völlig, nur um durch ein angelehntes Tor vor ihren Augen wieder aufzuflammen.

Sie schob die schwarze, genietete Eisenplatte auf. Ihre Hand wurde vom vereisten Metall verbrannt, der schwere Torflügel gab nach.

Es offenbarte sich ihr nicht bloß ein Garten, sondern ein ganzer Park. Der Winter war nicht besonders schneereich, es gab nur einige graue, gefrorene Flecken. Lampen oder andere Lichtquellen gab es keine. Licht strömte nur vom Himmel, in dem das Gold und Purpur der Stadtnacht flackerte. Sträucher, Blumenbeete, Wege und ein Brunnen waren in seidigen, farblosen Schattierungen gestrichen. Die Mauer säumten von Gärtnern handgeschnittene Bäume. Mit ihren zu Kolatschen1) geflochtenen, blattlosen Kronen ähnelten sie riesigen Teppichklopfern. Üppige, rechteckige Thujen reihten sich zu einem Labyrinth aneinander, in dessen Mitte das leere Becken des Brunnens klaffte. Ein moosbewachsener Steinamor ragte aus dem Becken und umklammerte einen quicklebendigen Fisch. An heißen Tagen springt wahrscheinlich ein funkelnder Strahl aus dem Maul des Fisches, der Brunnen ist voll mit Wasser und die Nachtigallen singen in den Kronen der Bäume.

Sie knirschte mit ihren Absätzen durch das Thujenlabyrinth zwischen den eingeschlafenen Blumenbeeten und der Hecke, vorbei an pyramidenförmigen und wunderlich geformten Pflanzen. Die gefühlte Temperatur sank durch den Wind noch weiter, doch die Frau im veilchenblauen Schlafanzug konnte sich gar nicht sattsehen.

Sie hatte schon einige Parks bewundern müssen, berühmte und weniger berühmte, größer und schöner als dieser, aber nie konnte sie einer so aufwühlen wie der, in dem sie sich jetzt befand. Ihr schien es sogar, als wandle sie nicht bloß auf einfachen Wegen, sondern als folgte sie mir ihren Schritten den Konturen eines geheimnisvollen Monogramms. Möglicherweise sogar das Monogramm Gottes.

Vielleicht war der Grund für solche Gedanken ihr Sturz auf die Stufen, obwohl sie sich ihren Kopf nicht gestoßen hatte. Oder sie wurde von dem wärmenden Getränk, das größtenteils aus starkem Wein, Früchten und Gewürzen bestanden hatte, beeinflusst. Oder ihre Unterkühlung und der Verlust der eigenen Unerschütterlichkeit waren verantwortlich. Oder war das ganze Abenteuer ... vielleicht wurde ihre Fantasie durch die ungeplante Erfüllung ihres Kindheitstraums geweckt? Es spielt keine Rolle, was der Grund war, wichtig ist lediglich, dass sie plötzlich verstand, dass die eigentliche Wendung gerade erst stattfand, dass alle Antworten in den Bäumen und Pflanzen, im Labyrinth und im Brunnen zu finden waren, hauptsächlich aber, dass es keine Antworten gab.

Im Nachhinein konnte sie sich nicht erinnern, ob sie es zuerst sah oder fühlte. Es hatte angefangen zu schneien. Sie blickte nicht nach oben, fing keine Schneeflocken mit der Zunge. Nichts dergleichen. Schnee fiel auf pyramidenförmige und rechteckige Nadelbäume, auf Teppichklopfer, auf Wege, auf Amor und auf den veilchenblauen Schlafanzug. Der Schnee war gleichzeitig mit ihrem wiedererlangten Bewusstsein gekommen. Und sofort wurde ihr kalt.

Von Verzweiflung angetrieben, vom dummdreisten Frost beflügelt, eilte sie aus dem Garten und nahm gar nicht wahr, dass sie schon wieder vor der verschlossenen Tür ihres Hauseingangs stand. Sie läutete wieder bei ihrer eigenen Wohnung und ihr endloses Geläute blieb wieder unbeantwortet. Dann fing sie an, erst nacheinander dann gleichzeitig, die Klingeln der Nachbarn zu bearbeiten und plötzlich öffnete sich die Haustür. Eine Nachbarin mit einem abscheulichen Hündchen im Arm kam ihr entgegen.

– Zu wem wollen Sie? – fragte die Nachbarin und das Hündchen stieß ein winselndes Bellen aus.

Ohne zu antworten, stürzte das zitternde Häufchen Elend im Schlafanzug ins Innere des Hauses.

In der Wohnung hatte sich nichts geändert. Nach der Position des am Sofa Liegenden zu urteilen, donnerte immer noch Orgelmusik aus den Kopfhörern. Es war nicht einmal eine Stunde vergangen.

Der Professor sprach zu Ehren der Geschichtenerzählerin einen Toast aus und ich stellte ihr drei Fragen: Wie erging es ihr im Anschluss mit dem Musikliebhaber? War sie nochmal in den Garten gegangen? Was ist die Moral der Geschichte? Auf die erste antwortete sie, dass alles unverändert sei. Der Musikliebhaber liegt im Wohnzimmer und hört Musik, nur ein neues Sofa hätten sie gekauft. Sie war nicht wieder im Garten gewesen – das Tor war immer verschlossen. Aber die Moral ...

– Wo versteckt sich hier die Wahrheit? – fragte unsere strahlende Anführerin und antwortete sofort: – Jeder von uns kennt die Antwort. Aber wir belügen und täuschen uns selbst, genau wie diese Stadt so tut, als existiere das Meer nicht. Aber davon lässt sich das Meer nicht abhalten, jeden Tag, jede Minute nagt es an der Stadt. So denken wir, dass es den Garten nicht gibt, wenn wir ihn nicht sehen. Aber den Garten gibt es. Und er öffnet sich uns dann, wenn wir es am wenigsten erwarten.

Anmerkung des Übersetzers:
1) Eine Kolatsche (österreichisch: Golatsche) ist eine traditionelles, osteuropäisches Gebäck mit einer charakteristisch runden Form.

ENGLISCHE SUITE. ZWEI GEDICHTE

— *Thomas Ballhausen*

1. Wo liegt Anzincourt

nach gefühlten hundert Jahren
nichts mehr wissen als: Repetieren
trotz Pfingstwunder keine geteilten
Sprachen, nur schnellere Folgen von Zerfall

      sich überschlagende Cartoons des Selbst, zappelnd
über Luft
      mein Festhalten an Vorstellungen aus erbettelten Rittersagen
      an überkommenen Prinzipien, Klippen

finde mich dann unerwartet auf einer anderen Seite ein
wie ich es mit aufgemalten Lilien halte oder über Pferde denke
erzähle mir bitte nichts mehr von einem *kentaurischen Pakt*
alles ist für diesen tragischen Raum gemacht
Schilder flüstern ihre Zeilen an den Rändern, kaum noch lesbar

      Pfeile, jeden Tag und jede Nacht, Pfeile, ein Regen
      sonst nichts, da kommt auch schon
      die Vorhut: *brave York*
      verschafft mir Nachhilfe in Sachen Menschlichkeit

Ansetzen, anlaufen, Stummfilmtode sterben
wieder und wieder
wo liegt Anzincourt
und wo liege ich

2. Täuschkörper, bloßes Intermezzo

komm, stellen wir die Luftschlacht um England nach
mit ausgebreiteten Armen, die Rollen verteilen sich leicht

Spitfire, Messerschmidt, *dramatis personae*

verborgen hinter Tonnen aus Stanniol probieren wir
erst Finten aus, dann Schläge: wir spielen gar zu gut

ANNA KARENINA WEARING IRIS 39[1]

— *Irina Brantner*

"There!" she said to herself, looking at the shadow of the truck on the mingled sand and coal dust, which covered the sleepers. "There into the very middle, and I shall punish him and escape from everybody and from myself!"

She wanted to fall halfway between the wheels of the front truck, which was drawing level with her, but the little red handbag which she began to take off her arm delayed her, and then it was too late. She was obliged to wait for the next truck. A feeling seized her like that she had experienced when preparing to enter the water in bathing, and she crossed herself.[2]

A sudden gust of wind gently touched her face, and she felt a faint, almost elusive scent, reminiscent of … what? She looked up and saw a delicate girlish figure reaching towards her. Anna couldn't help but smile at her enchanting face, and the scent wafting from her. Without a word, the girl took Anna's hand and led her away from the rails. Anna did not understand why she followed so easily, but it felt so natural that she just stepped after her, taking in the wonderful fragrance with full breaths. It sounded like music, taking Anna farther and farther away from her dark thoughts and this station. Here she was, the star of the ball: an exquisite black dress, a garland of pansies in her hair and the light scent of powder from her marble shoulders. Here she is already kissing her blond, curly-haired Seryozha, who smells of peaches eaten secretly from Annushka, and the flowers he wove a wreath with. And here

---

1   Fragrance from Le Labo
2   Leo Tolstoy, *Anna Karenina*, tr. from the Russian by Louise and Aylmer Maude. *Collector's Library*: 2010, p. 1048

she is in Italy: Venice, Rome, Naples. How many wonderful things had happened and yet could still happen? The scents, waltzing, swirled her thoughts in a marvellous dance where there was no room for despair or death.

Anna stopped abruptly. The marvellous girl had disappeared, Anna stood alone at the door of the ancient house, below a sign: *Kussmund*. The scent swelled like music, and she opened the door …

Irina Kudlinskaya, *Anna Karenina*
watercolour on paper, 10 x 17 cm, 2021

LE PETIT PRINCE

— Adam Liberčan

Le petit prince est sorti de mon livre,
curieux de voir si le monde a changé,
si notre terre est enfin bonne à vivre,
s'il peut revenir sans être étranger.
Il a parcouru toute la planète,
en cherchant où construire son royaume,
l'a observée d'un œil clair et net.
La conquérir ?
Non, il n'est pas Guillaume.
Il m'a quitté sans laisser de traces,
poursuivre sa noble tâche de pèlerin,
il s'est détourné pour trouver la place
où son âme pourrait fuir le chagrin.

LES ANGES DÉCHUS

— Adam Liberčan

Les oiseaux s'envolent vers les horizons,
vers les inconnus,
pour survoler les murs.
Mais pour nous,
l'évidence du vol n'est pas sûre.
Rester sur terre vaut mieux,
que de tomber du ciel sans les ailes
se fracassant tête, idées et zèle.
On en connaît,
des anges déchus,
qui se sont vantés autrefois,
au prix d'être perdus.
Pour un instant de gloire,
pour le pouvoir et le règne sur le soir,
c'est leur âme,
qu'ils ont vendue.
Voilà pourquoi,
je préfère la terre et ses recoins.
Et les oiseaux ?
Je leur brandis mon poing.

Flammenwerfer, Lichtermeere
Im Glanz der Stern erhellten Pracht
Verführt von des Zeigers sacht' Gebärde
Verglüht den Tag, die holde Nacht

Die Liebe mir stets höchst verborgen
Mindst die der Menschenkinderhand
Doch im Tanz der Farben neugeboren
Wird mein die Glut, so wild entbrannt

Sag, Ritter gold'ner Abendstunden,
Dank dir, dass du mich heimgesucht
Ein Zuhause hatt' ich nie gefunden
Bis sonnenfern in deinem Ruf

Bleib in meinem Traum mir nah
Am liebsten würd' ich nie verschwinden
Mit Teufelshaar der Himmel klar
Im Dunkeln für immer dein Singen

ODE AN DIE NACHT

— *Aida Cavkunovic*

Einst schrieb ich den Foxtrott im Rauschen
In Versen in die Ewigkeit
Meine Liebe, wirren Tönen zu lauschen
Den Puls des Chaos, das Verschwimmen der Zeit

Nun ist es stiller geworden
Es schwingt die Stadt in ruhigen Liedern
Die grellen Lichter bleiben verborgen
Doch ihr Echo hallt noch wider

Und wenn man sich den Takten hingibt
Alleine, doch mit Eleganz
So geht man sacht verloren
Im Sicherheitsdis-tanz

SOLOSCHRITT – GEDANKEN IN DER ISOLATION (MÄRZ 2020)

— *Aida Cavkunovic*

Ich bin so einsam, Fremder, schick ein Zeichen
Über die Grenzen und Mauern in mir hinweg
Einst baut' ich sie, um der Welt zu entweichen
Nun ist es so still in meinem Versteck

— *Aida Cavkunovic*

Gern würd' ich ein Kind der Sonne,
Den Strahlen wunschlos ergeben,
Doch das dunkle Pochen in meiner Brust,
Mag es mich elendig auch quälen,
Macht mich zum ewigen Wand'rer
In Schmerz und in Lust
Verdammt zur Freiheit
Verdammt immer weiter zu streben

Im Lichtspiel von Heimat
Nur Theater erkannt
Jeder Brief, den ich schrieb,
wurde alsbald verbrannt
So, Fremder, bäte ich um ein Zeichen,
Spräche ich Dank für deine Hand,
Aber meine Rufe ins Nichts
werden dich nie erreichen
Ich bin allein,
ob Wüst', ob Land.

In Liedern konnte ich dich nie halten
Landetest doch auf meiner Haut
Zwischen bunten Nachtgestalten
Zu lange wohl in die Sterne geschaut

Kein Ziel auf dem Grunde gefunden
Wir sind die zukünftigen
„Weißt du noch"s
Warum wird stets bloß das Warten besungen
Vergiss-mein-Nichts währt
Für immer doch

Morgens das Augenfunkeln
Die Mundwinkelbiegung in deinem Gesicht
Ein letztes Mal erkunden
Was in Liedern nie haltbar
Weil Haut verspricht
Sie heilt alle deine Wunden
Ein Händedruck wird Sonnenlicht

Und wenn auch nur für ein paar Stunden
Die Ewigkeit hat durch Scherben gespickt

LACH NICHT

— *Anne Luise Rupp*

Die Tasse ist blau, das Buch ist pink. Der Aschenbecher ist eine zerbrochene Tasse, eine Tasse, die weiß ist. Weiß waren die Seiten des Buches bevor sie vergilbt sind, weiß ist die selbstgedrehte Zigarette.

Nach dem Sommer aufhören. Aber erst mal muss der Sommer anfangen. Irgendwas liebt man dann ja doch: Roland Barthes vielleicht, Kafka vielleicht, Peter Weiss vielleicht. Die Ästhetik des Sommers vielleicht. Die Ästhetik des Widerstandes eher nicht, dafür ist sie zu lang.

Der Sommer ist kurz. Kurz genug um ihn zu lieben.

Irgendetwas liebt man dann ja doch. Liebe: ein großes Wort, aber kein langes. Irgendwen liebt man dann ja doch: Roland Barthes vielleicht, Kafka vielleicht, Peter Weiss vielleicht. Sich selbst eher nicht: dafür ist man nicht kurz genug: dafür ist das Leben zu lang.

Wie soll man sich auch selbst lieben, wenn man nicht mal seinen eigenen Hinterkopf sehen kann? Und wenn man ihn dann doch sieht, zerbricht etwas. Ein Spiegel vielleicht. Eine Tasse vielleicht. Einen doppelten Espresso bitte, der lässt sich schnell trinken in kurzer Zeit in einer kleinen Tasse, aber wirken tut er lange. Wach bleiben, damit der Tag nicht zu kurz ist. Acht Stunden schlafen, weil das Leben sonst zu lang ist: Bloß nicht sich selbst lieben, dann geht die Zeit so schnell vorbei und woran soll man sich dann noch festhalten?

An der blauen Tasse vielleicht, aber bloß nicht an der zerbrochenen, aber die ist auch weiß.

Peter Weiss weiß mehr als Kafka, aber seine Sätze sind so lang. Sind kurze Sätze besser? Wahrscheinlich. Wahrscheinlich lieben all die Leute, die sagen, dass sie sich selbst lieben, sich gar nicht wirklich. Wahrscheinlich lügen sie alle. Wahrscheinlich hätten sie K auch dann nicht ins Schloss gelassen, wenn Kafka das Buch zu Ende geschrieben hätte.

K wollte sich selbst verwirklichen. Das ist verständlich.

Lolita wollte kein Kind mehr sein. Das ist verständlich.

Kindern darf man nicht auf Augenhöhe begegnen, sonst versteht man noch zu viel auf einmal. Es ist wichtig, von oben auf sie herab zu schauen. Es ist wichtig, auf den Boden zu achten, aber eigentlich sollte man auch die Sterne nicht vergessen. Die Sonne auch nicht, vor allem, wenn sie blendet. Im Schatten gehen, um die Haut zu schützen. Und den Kopf. Sonst dreht sich wieder alles. Und irgendwann wird einem schlecht. So als hätte man den doppelten Espresso auf leeren Magen getrunken und nicht dann, als die Sonne schon nicht mehr geblendet hat.

Kafka kann man sich nicht am Strand vorstellen. Mit Badehose. Mit Flip Flops. Mit Sonnenbrille und frisch eingecremter Haut. Mit Sand zwischen den Zehen. In Kafkas Leben kann es nur geregnet haben, anders lässt es sich wirklich nicht erklären. Kafkas Leben war so kurz. Kurzes liebt sich leichter. Ein kurzer Text mit kurzen Sätzen sollte eigentlich reichen um zu sagen, was man sagen will. Ein kurzer Satz reicht selten. Meistens zieht man ihn in die Länge, bettet ihn ein, überschmückt ihn: so wie am Weihnachtsbaum immer eine Kugel zu viel hängt, und dann auch noch das ganze Lametta... Doppelpunktketten sind schöner als Lametta: Auch wenn sie nicht glitzern. Roland Barthes Sätze sind schöner als die von Kafka. Roland Barthes kann man sich gut beim Lieben vorstellen, aber irgendwie auch nicht.

Manchmal ist es so schwer zu glauben, dass Liebe mehr ist als eine chemische Reaktion.

Manchmal ist es so schwer zu glauben.

Alles zu kritisieren ist so viel einfacher: Man sollte sich bloß nicht zu viel auf seine Kritikfähigkeit einbilden. Jeder kann Fragen stellen, keiner findet Antworten. Und keiner ist daran wirklich interessiert. Nur die Kinder: die Kinder glauben noch immer, dass man ihnen irgendwann alles erklären wird. Dann können sie einem irgendwann in die Augen schauen und spätestens dann geben sie es auf.

Es ist wichtig, nicht zu selten zu blinzeln. Sonst würde man ja starren. Es ist wichtig, sich auf den Punkt zwischen den Augenbrauen zu konzentrieren, dann wird alles einfacher. Das dritte Auge sieht auch nicht mehr als das Auge im Hinterkopf. Das Auge im Hinterkopf blinzelt nie. Das dritte Auge würde sich niemals trauen zu starren. Und wenn man nicht starrt, wie will man dann sehen? Unterbricht man den Moment durch Blinzeln, verkürzt sich das Leben um ein paar Wimpernschläge und alles wird einfacher, alles wird leichter.

Das Leben wird leichter, wenn man leicht ist. Das wissen auch die Schaufensterpuppen. Der Anblick von Schaufensterpuppen ist wirklich nur dann erträglich, wenn man ihnen keine Augen aufgemalt hat. Sonst wirkt es ja so als würden sie starren.

Egon Schiele wusste, wie man Augen malt, die zu oft blinzeln. Es ist fast unerträglich sie offen zu sehen.

Wenn man die Augen schließt, öffnet sich der Brustkorb und auf einmal kann man atmen. Es ist wichtig ab und zu tief zu atmen. Aber es ist auch wichtig den Atem für gewöhnlich flach zu halten, sonst kommt man ja zu nichts. Tiefes Atmen ist überbewertet. Genauso wie blinzeln, genauso wie Kafka, wie Barthes, wie Peter Weiss. Genauso wie Nabokov. Genauso wie Freud. Ehrlichkeit ist überbewertet. Aufrichtigkeit nicht. Ehrlich kann man auch mit einer schlechten Haltung sein. Aufrichtig nicht. Wer aufrichtig sein will, muss gerade stehen, gerade sitzen können. Wer aufrichtig sein will, sollte nicht ständig die Beine übereinander schlagen.

Es ist gut das Buch zuzuschlagen und es ins Regal zu stellen. Kafka kommt vor Nabokov. Nabokov vor Peter Weiss. Ordnung muss sein.

Es ist gut im kühlen Treppenhaus anzukommen, wenn es draußen heiß ist. Es ist auch gut im Treppenhaus anzukommen, wenn es draußen kalt ist. Aber irgendwie ist ja doch alles besser, wenn die Sonne blendet, wenn die Tage lang sind, wenn man keine Angst haben muss, das gute Wetter zu verschlafen, weil man auf einer schlechten Party war. Nur, weil man nach der Party wie ein Aschenbecher riecht, ist man noch lange nicht Aschenputtel. Nur, weil man sich in den neuen Schuhen Blasen in die Füße gelaufen hat, ist man noch lange nicht die Stiefschwester, die bereit ist, sich für die Liebe einen Zeh abzuschneiden. Oder war es doch die Hacke? Die Hacke abhacken. Hat sie oder hat sie sich nicht die Hacke abgehackt? Und war es wirklich für die Liebe oder war es doch ökonomisches Interesse? Sich für ein Leben mit dem Prinz die Hacke abhacken. Schnecken essen, wegen einer Wette, und Fünf Euro Fünfzig verdienen. Was man für Geld nicht alles macht. Einen Frosch küssen zum Beispiel. Acht Stunden am Tag arbeiten zum Beispiel. Bei Behörden anrufen zum Beispiel. Sich von seinen Eltern abhängig machen zum Beispiel. Eltern sollten ihren Kindern keine Märchen vorlesen. Märchen sind zu grausam. Eltern sollten ihren Kindern lieber in die Augen schauen, aber vielleicht wäre das ja noch viel grausamer. Nur eben nicht für die Kinder.

Man kann ja Abtreibungsgegnerin sein, aber muss man denn dann unbedingt auch noch ein gutes Buch schreiben, das mit Abtreibungen fast gar nichts zu tun hat?

Wenn man schon ein schlechter Mensch ist, kann man dann nicht wenigstens nur (also: ausschließlich) ein schlechter Mensch sein?

Es ist leider nicht auszuschließen, dass alle schlechten Menschen nur manchmal schlecht sind. Es ist leider nicht auszuschließen, dass einem von dem doppelten Espresso auch dann schlecht wird, wenn man gut gegessen hat. Es ist leider nicht auszuschließen, dass das, was heute schlecht ist, gestern gut war. Es ist leider nicht auszuschließen, dass das, was heute gut ist, morgen schlecht sein wird.

Was Humbert Humbert Lolita antut, war schlecht und ist seit dem schlecht geblieben. Aber Nabokov schreibt so gut. Nabokov kann man sich am Strand vorstellen. Vielleicht sogar in Flip Flops. Sind doch alles Menschen, sogar Kafka, und Menschen tragen Flip Flops, Menschen tragen Schuhe, die die Zehen trennen, aber nur wenn die Sonne blendet.

Es nervt, dass Flip Flops erst nach Kafkas Tod im Westen beliebt wurden. Vielleicht hätten sie ihm ja doch gefallen.

Es nervt, dass Nabokov so gut schreiben kann. Aber vielleicht ist das Buch auch einfach nur zu lang. Zu lang für all die schönen Sätze. Der Film ist nicht zu lang. Der Film ist nicht kurz genug, um mit dem Küssen noch länger zu warten. Was für eine Situation. Ist es falsch jemanden zu küssen, wenn im Hintergrund Lolita läuft? Ist es falsch jemanden zu küssen, wenn im Regal ein Buch von Jordan Peterson steht?

Was hält Jordan Peterson eigentlich von Abtreibungen? Man weiß, was Jordan Peterson von Zizek hält: Jordan Peterson mag Zizek nicht. Zizek mag Jordan Peterson nicht. Zizek mag Freud. Nabokov mag Freud nicht. Freud weiß mehr als Jordan Peterson. Freud weiß mehr als Kafka. Freud weiß mehr als Peter Weiss. Freud weiß nicht genug über Träume. Sein Wissen hat nicht gereicht, um das zu erklären, was passiert, wenn sich die Augen schließen, auch das dritte Auge, nur nicht das Auge am Hinterkopf. Wenn die Spiegel so hängen, dass man seinen eigenen Hinterkopf anschauen kann, sind Umkleidekabinen unerträglich. Der Mensch ist nicht dafür geschaffen, seinen eigenen Hinterkopf zu kennen. Das ist zu grausam. Manches sollte wohl einfach im Verborgenen bleiben, auch wenn Freud das anders sieht. Talking Cure. Als würde man überhaupt noch etwas anderes machen als redenredenreden. Vielleicht wäre es mal wieder angebracht, einfach nur zu schweigen. Einfach nur zu schweigen.

Bei den Schweigeminuten in der Schule lacht immer irgendjemand, egal wie ernst das Thema ist. Lachen ist so wie Weinen. Nur eben unangebracht. Und niemand tröstet einen, wenn man lacht.

Kafka konnte niemand trösten. Und seine Texte trösten nicht. Sie machen etwas auf und nie wieder zu. Augen, die nicht mehr blinzeln können. Augen, die nur noch starren können. Wie ätzend. Wie Säure laufen die Sätze durch den Kopf durch den Körper. Aber ist der Kopf nicht auch Teil vom Körper? Ist nicht sogar der Hinterkopf

Teil vom Körper, der Hinterkopf mit seinem seltsamen Auge, das niemals blinzelt, das immer starrt? Was hat Kafka eigentlich von Abtreibungen gehalten? Und was hätte Freud von Zizek gehalten? Wahrscheinlich nicht viel. Freud hielt ja nicht einmal viel von Dali und Dali hielt so viel von Freud. Oder war es Breton. Oder waren es beide? Das Unterbewusstsein stimulieren. Und dann? Das Unterbewusstsein stimulieren. Und dann? Man sollte unbewusst statt unterbewusst sagen, wenn man gebildet klingen will, man sollte möglichst viele intertextuelle Verweise in seinen Text einbauen, man sollte Bücher in sein Regal stellen. Man sollte lügen. Man sollte sich nicht selbst lieben. Man sollte niemals den eigenen Hinterkopf kennenlernen. Man sollte das Blinzeln unterlassen. Man sollte den Atem flach halten. Man sollte den Atem anhalten, wenn man bei der Schweigeminute gegen das Lachen kämpft.

Das Lachen. Haha. Sich tot lachen. Sich krumm und schief lachen. Tränen lachen. Ha! Da hat man es wieder: Lachen und Weinen: eigentlich das Gleiche.

Ich habe Karin Struck gelesen. Lach nicht.

ONCE UPON A TIME

ICH SEHE DIR DIE LÜCKE AN, OBWOHL DIE SONNE BLENDET

— Anne Luise Rupp

die Angst vor der Lücke
ist größer als die Lücke
die Angst vor der Lücke
hat mich zerrissen und
ich verziere die Risse und
dich interessiert es nicht und
heute bin ich genervt von dir

sagst du
zu mir und

ich weiß es schon davor ich bin
hungrig mir ist heiß und
die Hitze bleibt und
der Hunger bleibt und

ich will
im Schatten der Häuser laufen
dein Schatten reicht
mir nicht

PORTRAIT OF FRIDA KAHLO, OCTOBER 1953

— *Peter Bakowski*

I'm a rare flower,
attract surgeons
not hummingbirds.
They x-ray my stem,
plot their incisions,
drain me of nectar.

I grip the paintbrush,
wand that transforms me,
gift myself a third eye,
give birth on canvas
to each tested self I've been.

But there are morphine nights,
when my hands are fallen branches,
when I long to be ash.

I've come to the end
of bedpan needs and operations,
sense the approach of a skeleton
who uses my shallow breaths
for stepping stones.

I won't deny him
entry into my bed,
his proposal,
our elopement.

I'll become
all that's beyond
the husk of my body,
the reach of biographers,
the corridor gossip
of nurses.

PORTRAIT OF AN INSOMNIAC

— Peter Bakowski

Your pillow is a broken dinner plate.
The bed sheets are made of tin.
Rats skitter across the rafters of your ribs.
A moth plummets from its orbit
of the reading lamp.

You can't read.
The words crawl off the page,
drag your eyelids
down a hole in the skirting boards.

The map you consult
flaps its wings,
flies from your hands.

Still you set sail
from the mouth of a yawn,
hoping for calmer waters
beyond the foam of saliva,
the red and white buoys of sleeping pills.

In the trough and swell of waves,
you fall and rise,
fall and rise,
as you row moon-infected
towards the glimpsed
then lost
then glimpsed again
horizon

of the window sill.

DIE KUNSTHÄNDLERIN

— Sophie-Marie Gruber

»Ja, aber was ist die Geschichte?«, fragte er.

»Muss es immer eine Geschichte geben?«, murrte sie und stach
ein Stück von ihrem Kuchen ab. Statt es zu essen, zupfte sie an einer
Ecke der dunkelroten Serviette.

»Heute habe ich von einem Jungen geträumt«, sagte sie leise und
kratzte mit der Gabel am Tellerrand, bevor sie sie verkehrt herum
auf die Serviette legte. Die Zinken mussten direkt mit der Kante
abschließen. »Seine Familie ließ Tauben in den Himmel steigen, um
ihnen die Freiheit zu schenken. Auch der kleine Junge ließ eine Tau-
be fliegen, hoch hinaus sollte sie. Doch dann sprang er ihr nach und
zog sie zu sich herab in die Wanne und steckte sie ins Wasser. Mit
starken Flügelschlägen versuchte sie sich zu wehren, aber der kleine
Junge drückte sie immer weiter unter die Oberfläche. Es ragte noch
sich drehend und sich windend ein Knäuel aus Krallen und Federn
aus dem grauen Wasser, daneben der Junge, der so konzentriert den
Sog erzeugte. Und dahinter die blutrot angestrichenen Wände. Und
davor die reglosen Schemen, die Familie hießen. Ich wollte doch nur
die Taube retten, sollte er später sagen, und sie fliegen lassen, hoch
hinaus in Freiheit, weil oben war jetzt unten und unten war oben.«

Mit dem Ringfinger fuhr die Kunsthändlerin über den Rücken
der Gabel, bis die Schokoladenreste in kleinen Fitzelchen abgingen.
Sie blies einen Mundvoll Luft darauf, um sie ganz vom Tisch zu
entfernen. Der Direktor rümpfte die Nase. Sein Gegenüber hielt sich
die Rückseite der Gabel wie einen Spiegel vors Gesicht und tat es
ihm gleich. Dabei schielte sie ein wenig. Ob sie sich absichtlich über
ihn lustig machte, vermochte der Direktor nicht zu sagen. Trotz-
dem räusperte er sich pikiert. Unverwandt sah ihm die junge Frau
ins Gesicht, las in ihm wie in einem der unzähligen Bücher, die sich
überall in ihrer Wohnung türmten. Scheppernd fiel die Gabel auf

den Porzellanteller, aus dem eine kleine Ecke herausbrach. Erschrocken zuckten sie beide zusammen.

»Oh, Verzeihung«, murmelte sie und platzierte die Gabel wieder sorgfältig auf der Serviette, die Zinken exakt am Rand.

»Also gibt es keine Geschichte?«, fragte er, um sich auf das ursprüngliche Thema zu retten.

»Was scherst du dich um die Geschichte? Haben dir meine Bilder noch zu wenig Besucher eingebracht?« Mit verschränkten Armen lehnte sie sich zurück und reckte ihm das Kinn entgegen.

»Ganz im Gegenteil, Fräulein.« Langsam steckte der Museumsdirektor sich den letzten Bissen des Kuchenstücks in den Mund, schob es genüsslich von links nach rechts, zerdrückte es mit der Zunge am Gaumen, bis die Zitronencreme jeden Winkel seiner Mundhöhle ausfüllte. Dann schluckte er die Masse hinunter, räusperte sich und tupfte ein paar Krümel aus dem rechten Mundwinkel.

»Also gibt es keine Geschichte?«, versuchte er es vorsichtig.

Sie blickte aus dem Fenster. Dabei schob sie den Kiefer hin und her, eine Unart von ihr, die ihr symmetrisches Gesicht so hässlich verzerrte. Schließlich sah sie ihm direkt in die Augen, legte ihre Unterarme auf der Tischplatte ab. Wie ein aufmerksames Schulmädchen sah sie aus, bereit, die nächste Mathematikaufgabe am schnellsten zu lösen.

»Du willst eine Geschichte. Wie wäre es damit?« Um ihre Lippen tanzte das Verschmitzte. »Einmal werde ich auch hier sitzen und dann werde ich plötzlich weg sein. Wie ein Wirbelwind werde ich mich in Luft auflösen, mich zusammenrollen und ausbreiten, in einem Wusch, der das alles hier mit sich reißt. Die Tischdecke, die Kaffeetassen, deinen Zitronenkuchen. Diese Glasscheibe, genau da –«, sie deutete auf das Fenster hinter ihm, die Augen starr und glasig wie im Fieberwahn, »wird zerspringen und die Scherben werden lauter kleine Striche in deine Glatze schneiden. Und wenn der Sturm, der in mir tobt, hier drinnen alles umgerissen hat, entwische ich aus diesem Käfig, den du Leben nennst. Dann reiße ich die Mauern um, peitsche ich als Wind über die Dächer, pfeife durch Häuserschluchten, schraube mich hoch bis in den Himmel und lasse mich mit voller Wucht auf euch herab, auf das Museum, die Presse, dich, als Donner, Blitz und Kraft und Wolkenbruch und was wird das für eine Geschichte sein!« Sie holte tief Luft und ließ sich wieder in ihren Stuhl sinken. »Stell dir doch mal vor, wie gut das wird«, fügte sie ruhiger hinzu, schüttelte den Kopf. »Eine Geschichte, die man erzählen muss, die die Massen anzieht, die Schadenfreude und die Schaulust, die zahlenden Kunden. Was sagst du?«

Ihr Blick war nun wieder klar, genauso durchdringend wie zuvor, den Kopf hatte sie zur Seite geneigt. Wie eine Katze, die abwägte, ob es sich lohnte, dem Spatz auf den nächsten Ast hinterher zu springen. Der Direktor ließ sich davon längst nicht mehr beeindrucken, sagte er sich, und musste sich doch eingestehen, dass sie ihm nach all den Jahren immer noch Unbehagen bereitete.

Auf dem Display ihres Telefons schien eine Nachricht aufzukommen, die der Direktor sich nicht zu lesen traute. Sie warf einen schnellen Blick auf die filigrane Armbanduhr, die an ihrem noch filigraneren Handgelenk hing. Ruckartig stand sie auf, strich über den dünnen Stoff ihres Rocks, klaubte Handy und Notizbuch auf, steckte beides in die Handtasche und nickte ihm zum Abschied zu. Jedes Mal packte sie dieses Notizbuch aus, aber noch nie hatte er gesehen, dass sie etwas hineinschrieb. Als sie an der Tür stand, wandte sie sich noch einmal dem Direktor zu. »Wenn du bis morgen nicht zusagst, geht das ganze Konzept nach Berlin. Überleg's dir«, sagte sie über die Köpfe der Gäste hinweg und er verstand es nur, weil die Präsenz seiner Tochter tat, was sie immer tat: den Raum in verräterische Stille tauchen.

Erstickt.

— Stefanie Roloff

Lungen voll von Wasser ertrinken tageweise
Keine bekannten Gesichter mehr
Mundschutz und Mond

Schlechte Bilder in Träumen

Hemingway in Paris

Und wir hier – denken an ertrinkende Lungen im Frühjahr,
wo eigentlich Frühblüher sprießen.

Wenn der Schatten sich über die Welt gelegt hat
und seltsame Spinnen über Stuhlrücken laufen.

Dann wieder klatschen am Fenster für die,
auf die's ankommt.

DES CENDRES

— *Arnaud Goy*

La fumée grise rampait sur la façade du bâtiment. Happée par l'air frais, elle s'enfuyait à la verticale en se déchirant ici et là contre les fenêtres éventrées par le souffle brûlant d'un incendie. On pouvait voir le brasier intense dévaster les appartements. Au théâtre, cette fumée eût été un rideau à l'allemande tiré d'un bloc vers le ciel. Mais au lieu de dévoiler une scène et les protagonistes d'une pièce de théâtre, elle les masquait. Femmes et hommes, jeunes et vieux, êtres bons ou mauvais, tous étaient voués à périr. On entendait leurs cris désespérés. Ils devenaient cette suie crasseuse, fuyant par les fenêtres le lieu de leur métamorphose violente, sous le regard médusé des passants.

"Ils le méritent certainement."

"Pardon?"

"L'appel du destin est inéluctable, Monsieur."

"Mais … ces gens meurent. Êtes-vous devenus fous?"

Ils ne comprenaient pas. A chaque fois, ces mêmes excuses: la négligence des uns, la malveillance des autres, l'incurie des autorités par-dessus tout … Et pourtant, quelle ville, quel royaume n'a pas connu la furie dévastatrice des flammes? Les cendres des palais ravagés et des êtres incinérés n'ont-elles pas été le terreau fertile sur lequel la vie renaquit, plus forte? La mort n'est-elle la condition nécessaire de l'existence? Il jeta un regard dépité sur la foule pétrie de bons sentiments et s'éloigna.

Il tira alors de sa veste un paquet de cigarettes. D'un geste vif, il frotta une allumette sur le grattoir et huma l'odeur âcre du soufre en incandescence. Il observa la flamme. Elle progressait lentement le long de la tige de bois. Le vent pouvait l'attiser ou ralentir sa progression. Inéluctablement, elle attendrait ses doigts. Mais un autre sort lui était dévolu. Allumer sa cigarette, certes; le brûler, un mal nécessaire; devenir à son tour une fournaise telle que celle qui nettoyait l'immeuble voisin de sa médiocrité atavique. Près de lui, la poubelle d'un abribus ferait l'affaire. Le papier qu'elle contenait s'embrassera facilement. Alors, la flamme se propagera vers les buissons qui cerclaient le lieu. Et si la chance lui souriait, une bourrasque portera quelques braises incandescentes au loin et accélérera le renouveau de la cité.

Une minute suffisait à tester la résilience d'une civilisation. Quelques heures pouvaient la mettre à genoux. Si elle ne méritait pas de survivre, deux cas de figure se présentaient. La chose était fort simple. Soit le feu frappait un symbole, le peuple abasourdi périssait d'une mort lente. S'il tuait en grand nombre, les survivants fuyaient, piétinaient les blessés et s'abandonnaient à leurs inclinaisons barbares. Laquelle de ces solutions l'homme préférait-il? Il n'était qu'un instrument du destin et lui laissait le choix de la sentence la plus juste. Il s'y plierait lui-même volontiers.

Dans un siècle ou peut-être deux, dans la ville neuve et grouillante de vie, un individu comme lui apparaîtra. A son tour, il trouvera le courage de sauver le monde de lui-même et perpétuera l'espoir de lendemains meilleurs. Les hommes le mépriseront mais l'Histoire l'approuvera. Elle dira: il était une fois cet homme qui, non content de mépriser ses contemporains, se sacrifiait pour les sauver car elles étaient nombreuses, ces bouffées d'humanité, ces urgences d'aimer, de haïr et de tout brûler.

Ewan Morrison, *looking for an honest man*
collage, collage, 5" x 2.7"

A PLAY GOES WRONG

— James Robertson

how could a play
go more wrong than
this

flame blazing velvet
curtain burnt to a
crisp

juliet a snotty wretch
coughs on romeo's
kiss

flood in the stalls
sorry show they will
miss

a play could not
go wrong more than
this

LOCKED IN

— James Robertson

Splotchy crimson bulb, throbbing next to my collarbone. In the mirror, it looked like a volcano from space. I drew a shaking finger to nudge it, but, in a moment of clarity, smacked the skin and it disappeared.

Emmett, what are you thinking? This strain doesn't work like that. Not at all. It's just a type of flu, not the bubonic plague!

I smoothed over the area under my naked collarbone with my hand, taking a low breath. Standing up from the stool my genitals caught the eye of the mirror. Paused. Maybe all hysteria, but I couldn't get dressed until I inspected my groin for any possible lesions. Nothing. Slipped into tracksuit.

Wrenching my jumper over my head, I began remaking my bed. Force of habit. iPhone laid quietly on the table next to the balcony window. Plugged in, charging. I checked the battery percentage. Couldn't go any higher.

I poured myself a glass of water, sculled it, then poured another. Shifting footsteps by the door. A low grunt. I sipped from the glass of water. Slightly audible. One foot to the other. I opened the door to the balcony.

This is your view, Emmett. Stale tarmac, an ambulance charging by. Static powerlines, flowing branches. Trees haven't been this lonely since the Dark Ages.

Shimmering on the horizon, amidst that architectural din, the roof of the university protruded. Twenty-eight years passed in time. My grandpa took me to his lectures when I was six. Just rolled around with my toy Romans. We'll see their homes, he said after applause. Their baths, their theatres, their streets! Me six could not believe it. Cuddled his left leg and squealed. Beams would split his face a part. Light poured out.

I could even feel it on my skin. Eyes closed, warmth rained on my forehead and cheeks, dousing me with my grandpa's presence.

Ring, ring.

Leaving the glass, I answered the call. Increasing. Critical condition. Not long. Thank you.

The very components that make up this device could crumble in my hand. Skin rippled beyond my control. Armpits gushed. Air, air. I needed air.

Dashing out back onto the balcony, my lungs inhaled the stench of expired human beings, ferried away in ambulances wooden, drawn by mule. Through the branches barren a man in shitted garbs dragged a pulsing red limb, howling agony incarnate. Words drowned by gallons of pestilence and time. Ding, ding. "Bring out your Dead! Bring out your Dead!" Sick all over the railings.

I bang on the door. Feet shuffle barely. Security can't let me out, I know the rules. I implore them, I plead them. No more shuffle. Low voice. There is no way that I can see him.

My fault. My fault. Blood runs from my eyes. I wipe away the tears and lean against the door.

Brand new handkerchief sat in my back pocket. I took it out, felt the smooth Italian craftsmanship, bought as a thank you gift for our trip. Never used a handkerchief before. It was his type of thing.

I scrunched the fabric in my fist at the sudden ringing. The same shrill.

My arms gave way to gravity. Thighs felt hot and bloated.

I didn't stand. I didn't move. I waited until the ringing stopped.

Foot dragged outside. Hoped. I wished for someone to knock at the door. My door.

Get it wrong. Please. Don't visit the bed of a lovely, fragile rose-bush I have tainted.

Please. Knock on my door.

No knock. No ring.

Two splotchy boils on my neck and chin.

I blew my nose.

HOLD

— James Robertson

snap a shot
you shall
frame it on
the wall

the full days
picture fades
the colours
grow cold

once smiles
pierced the dark
loving boy
lost spark

hold it close now
close to heart
keep it beating
steady, past

— Юрий Одарченко

Той дорогой, которой иду,
Я, наверное, в ад попаду.
Но оттуда по шелковой лесенке,
Напевая веселые песенки,
Я обратно на землю вернусь
И на крыше в кота воплощусь.
Буду жить я у девочки маленькой
В ее розовой чистенькой спаленке.
Буду нежно мурлыкать опять
Но о чем, никому не понять

— Juri Odarchenko/Übersetzung: Eric Fuka

Auf dem Weg, den ich gehe,
werde ich wahrscheinlich in die Hölle kommen.
Aber von dort werde ich auf einer seidigen Leiter,
fröhliche Lieder singed,
zur Erde zurückkehren.
Und auf einem Dach werde ich als Kater reinkarnieren.
Ich werde mit einem kleinen Mädchen in ihrem sauberen, rosa
Schlafzimmerchen leben.
Ich werde wieder sanft schnurren.
Aber über was, kann niemand verstehen.

— Yuri Odarchenko/translation: Eric Fuka

The road I walk, further on than this,
will likely lead me into the abyss.
But from there, humming ditties, I will rise,
ascending a silken ladder to the skies,
returning back to earth - easy as that!

Reborn upon a rooftop as a cat.

I'll find myself a sweet, young, tidy girl
And live with her behind a rose-glass door;
And once again I'll gently start to purr
Though nobody could ever tell what for.

ES WIRD EINMAL …

— I. P. Breiner

… Es war einmal – was heißt das bitte?

… Du verstehst es noch nicht, glaub's mir, es ist besser so!

… Aber was heißt es bitte?

… Dass die Zeit kommen wird, in der du dich nur mehr zurücke-rinnern wirst, weil nach vorne schauen nichts mehr bringt und du sowieso nicht anders kannst.

… Tust du das auch?

… Tag ein, Tag aus. Und nachts noch ein bisschen mehr.

… Wie sieht denn dein „Es war einmal" aus?

… Bunt.

… Wie bunt? Wie ein Regenbogen?

… Viel bunter.

… Mit jeder nur möglichen Farbe darin?

… Und sogar die Nicht-Farben, alle möglichen Schattierungen von weiß oder grau. Aber ganz schwarz wird es nie.

… Toll! Das kann ich mir gar nicht vorstellen. Du bist immer nur schwarz.

… Ja, angezogen.

… Früher nicht?

… Nein, früher nicht.

… Warum nicht?

… Weil in bunt einfach alles schöner aussah.

… Auch die Menschen?

… Besonders die Menschen!

… Das müssen tolle Menschen gewesen sein…

… Da hast du recht, die waren schon etwas Tolles. Waren wir alle, im Rudel noch einmal toller, als einzeln, das glaubst du gar nicht.

… Was habt ihr da so gemacht? Außer bunt zu sein?

… Puh, alles Mögliche, im wahrsten Sinne des Wortes.

... Spiele gespielt?

... Unmengen!

... Süßigkeiten gegessen?

... Immer! Am besten waren die, die wir frisch aus den Gärten stibitzten. Manchmal waren wir zu gierig, sie vorher überhaupt von der Erde zu befreien oder abzuwaschen. Erschien uns als Zeitverschwendung.

... Aber das sind ja gar keine Süßigkeiten!

... Hast du eine Ahnung, natürlich sind sie das! Ab und zu haben wir dann aber auch, nach deinen Standards, „echte" Süßigkeiten wie Schokolade, Kekse oder Eis bekommen. Selbstverständlich zum Teilen.

... Wer?

... Wir alle.

... Von wem?

... Einer alten Nachbarin.

... Einfach so?

... Einfach so.

... Warum?

... Ich weiß es nicht, sie hatte uns anscheinend gern.

... Und sie hat nie etwas dafür verlangt?

... Nein.

... So wirklich gar nichts?

... Nicht wirklich, denke ich. Außer vielleicht, dass wir ihr immer wieder etwas Zeit geschenkt haben, sie war meistens ganz allein, musst du wissen.

... Aber Zeit ist doch kein richtiges Geschenk!

... Wenn du wüsstest ... Das ist das größte Geschenk, das dir ein Mensch machen kann. Weil sie nie jemand zu haben scheint.

... Also ist sie doch etwas Wertvolles?

... Sehr wertvoll sogar!

... Dann bin ich ja reich! Zeit habe ich zum Verschenken – sooo viel!

... Im Moment ja.

... Und dafür habt ihr Eis bekommen?

... Ja.

... Das ist aber sehr nett von ihr. Ich mag Eis.

... Natürlich war es wahnsinnig nett, wir haben uns immer sehr darüber gefreut. Und sie hat sich über unsere Freude gefreut. Schien das Ausschlaggebende für sie zu sein.

... Was?

... Dass sie uns etwas geben konnte. Etwas, das uns Freude bereitete.

... Aber wenn es vielmehr Freude macht etwas zu verschenken, als etwas zu bekommen ...

... Ja?

... Wieso verschenken dann die Menschen nicht viel öfter etwas?

... Glaub mir, das frage ich mich schon lange.

... Ja aber, warum tun sie es nicht?

... Ich weiß es nicht! Weil sie alle anscheinend viel lieber bekommen als geben.

... Die haben es nicht verstanden, richtig?

... Nein, das haben sie nicht.

... Schade.

... Ja, das ist es. Vielleicht verstehen sie es doch noch eines Tages.

... Glaubst du, Papa versteht es auch noch eines Tages? Ich glaube, er hat es nicht verstanden. Oder, glaubst du, er hat es verstanden?

... Was?

... Das mit dem Nehmen und Geben?

... Nein, das hat der ganz sicher nicht begriffen!

... Sitzen wir jetzt deswegen in der neuen Wohnung?

... Ja.

... Ohne ihn?

... Ohne ihn.

... Kommt er wieder?

... Glaub ich kaum.

... Schaut er nicht zurück?

... Nein.

... Hat er kein „Es war einmal"?

... Keine Ahnung. Darüber haben wir nie gesprochen.

... Worüber habt ihr gesprochen.

... Über ganz viele „Es wird einmal"-e.

... Was ist das?

... Das sind die Dinge, die man sich für die Zukunft wünscht, erträumt, gerne hätte. Sachen, die man dann später einmal zu den „Es war einmal"-en hinzufügen kann.

... Bin ich auch so ein „Es wird einmal" oder schon ein „Es war einmal"?

... Du bist jetzt mein ganz besonderes „Es war einmal" und, was noch wichtiger ist, du bist außerdem noch ein „Du wirst noch werden".

... Ist das was Besonderes?

... Was ganz Besonderes.

... Ist das besser als ein „Es war einmal"?

... 100%ig!

... Dann freue ich mich darauf!

... Solange du nicht so wirst, wie alle anderen Menschen. Merk dir nur immer das mit dem Nehmen und Geben. Geben ist viel mehr wert als Nehmen.

... Für wen?

... Für alle.

... Für mich auch?

... Besonders für dich!

... Aber wenn ich immer nur gebe, habe ich doch irgendwann gar nichts mehr.

... Doch, keine Sorge. Es wird nämlich immer noch andere Menschen geben, die auch mehr geben als nehmen und dann bekommst du auch wieder etwas ab.

... Ganz sicher?

... Ich hoffe es zumindest.

... Du hoffst es immer noch, obwohl du bis jetzt so wenig bekommen hast und immer noch mehr hergibst und alle anderen sich einfach immer alles nehmen, was sie wollen?

… Genau.

… Obwohl auch Papa alles weggenommen hat?

… Trotzdem!

… Das ist nett von dir.

… Etwas anderes kann ich ohnehin nicht machen. Nicht wirklich.

…Wie schaffst du das?

… Ich habe genug „Es war einmal"-e in meinem Leben, auf die ich zurückschauen kann und die mir das Gegenteil beweisen. Wie das Beispiel mit der Nachbarin vorher. Und das zeigt mir, dass es noch genug andere Geber gibt, zwar nicht ausreichend, aber es gibt sie doch.

… Aber jetzt hast du keine „Es wird einmal"-e mehr? Vom Zurück-schauen muss dir doch schon der Kopf wehtun.

… Das ist nicht so schlimm. Die Erinnerungen sind schön genug, dass ich mich immer wieder darüber freuen kann. Außerdem bist du nach wie vor mein ganz großes „Es wird einmal". Und darauf bin ich sehr stolz!

… Ich bin auch stolz ein „Es wird einmal" zu sein, und das andere, was du vorher gesagt hast …

… Ein „Du wirst noch werden"?

… Genau! Du? Wenn ich dir etwas von meiner Zeit schenke, bekom-me ich dann auch ein Eis?

MÉMOIRE INVOLONTAIRE

— Jasmina Cavkunovic

Berliner Luft, gib vor die Wege
Zu den Morsezeichen in den
Dalmatinerflecken auf dem Pfad

Zum Stepptanz roter Schuhe
Nirgends eilt die Zeit noch schneller
Als im Petersburger Ticken unseres Takts

Und hätte ich's gewusst, ich hätte
Hamburg Lebewohl gesagt
Erloschen sind die Straßen ohne dich

Doch von Berliner Luft umnachtet
Tanzen die Sirenen fort durchs
Schlüsselloch des Schottentors gehuscht

LUFTWURZELN

— Jasmina Cavkunovic

Ich fürchte Echoklagen in den Wäldern
Und jedes Meeresspiegelkabinett so klein
Bezirzende Gesänge aus dem Dickicht schwarzer Fichten
„Willst du nicht nach unsren Früchten sehn?"

Doch nichts hab ich im Leben mehr gefürchtet
Als von deinen Luftwurzeln zu fallen
Und anders als ein Kind auf einem Spielplatz stürzt
Zu landen auf dem Glitzerschuh aus Glas

PERIPETEIA (HAIKU)

— Jasmina Cavkunovic

Ballkleidnaht geplatzt
Deine Kopfhörer das Garn
Hand me down no more

KOH

— Jasmina Cavkunovic

Im Kaninchenloch geölte Tunnel
Versteckte Klingen auf dem Weg hinaus
Gesichtsverlust bei aufgedeckter Hand
In deinen Augen grenzenloses Nichts

Dem Baum sein strahlend grünstes Blatt entnommen
Den Sommer in dein Lieblingsbuch gepresst
Vergilbt die Seiten, modrig der Geruch
Bernhard hätte Feuerholz gemacht

Im Contrapasso Kapitalverbrechen
Spiegeln Menschenmassen dein Gesicht
Ein Royal Flush in kreidebleichen Händen
Im Bologneser Tränenmeer versenkt

HOTEL ROOMS OR THE LOST ART OF SENSUAL MELANCHOLY

— Aleksandar Vadim

In some nights we can feel the city and the weather so intensely, that memories of distant days may erupt at any time, curious things might happen at any encounter and one may want to spend all night gently sipping whiskey and smoking perfumed cigarettes in a hotel room, nicely dressed up or well-undressed next to an open window letting in mild tunes cherishing this special night.

The precious scents and the haptic sensation of touching fine woods, crystal glass and silk lingerie will leave us longing for long lost memories, of childhood, of youth, and of events that occurred at this place before our time: In the hotel room, the exemplary Foucaultian *heterotopia*, we find the overlapping of different dimensions of time evoking vague ideas of long lost pleasures and allowing us entry to sensual melancholia and the lost art of elegance.

In these moments, we can feel a short relieve from daily struggle, reach a bigger connection to the world and its history as a whole and maybe, just for a moment, gain a glimpse of eternity.

Alice's Games Room

— James Patton

The rain taps fingers on the glass. The yellow light of my B&B is a warm shield against the drizzle. I squeak the radiator up a notch and make more tea.

I sigh and grab my phone, swiping for something to do.

Here's an app I haven't played yet. *80 Days*: "It's 1872. Welcome to the future." Curious, I start it up. Eager violins introduce me to a spinning globe with cities marked:

Moscow. Acapulco. Timbuktu. Atlantis.

I step into the world of the novel *Around the World in Eighty Days*, where Phileas Fogg wagers he can circumnavigate the globe. I am not, as I'd expected, Mr. Fogg, but his long-suffering valet, Passepartout. It's my job to pack; make him presentable; plan our itinerary; if I'm lucky, to make a few pounds re-selling merchandise; if unlucky, to withdraw sum after sum from Fogg's dwindling bank account.

But this is not *really* the world of the novel. Our steam locomotive surges out of London and sinks into the channel, transforming into a submarine. The Paris World's Fair is full of unfamiliar airships and automata. When I reach America, I'm surprised at tribes of American Indians living in airship colonies, hounded from the ground by hungry colonizers but taking to the sky instead.

Every city is a jumble of little stories, and characters I might fall in love with, or be conned by. I snatch a nightly dalliance on the east coast. Later, I get cholera.

We lose the bet. I start again. After my second playthrough I look up. The rain drizzles on. I decide that's fine by me.

I creak open my battered laptop and grab my gamepad. Today is a non-starter; let's travel virtually.

I decide to try something in 3D: *Eastshade.* Set on a fairytale island filled with humanoid animals (not as weird as it sounds), I was most intrigued by a unique mechanic: painting.

I wander the island. It's picturesque, and the sunsets drape the windswept cliffs with orange honey. Carefully, I frame a finger of rock in my mind's (painter's) eye, and press the button to paint.

There's a jangle of bells; oils flow across the canvas. There's the rock, and the sky, and that flock of gulls I didn't notice, and the warm orb of the sun at evening. It sounds silly, but something about it – the fact I carefully framed it, the cost of a canvas, the lines of brushstrokes the game applies to the image – makes it feel like more than a screenshot. This is *mine*, a moment of sharp stillness that I captured.

I'll paint over it in about 30 minutes. Canvas is expensive!

I wander the island. By the end of the game, this place will feel so familiar that I know all the shortcuts, the hidden ways, the towns-folk who can get me resources or money. But as I stand on the island of Eastshade at exactly noon, and the sun is eclipsed by a titanic moon above me, bathing the world in a cold, red, alien light, I think how games can take us to worlds we'd never imagined – and some-times, we can make those worlds our own.

WANDERER

— Saskia Pacher

Zwei Wanderer.
Auf der Reise durch die Zeiten,
getrennt durch unbekannte Weiten,
suchen sie einander, umschreiten sie einander.

Sie tanzen durch die Dämmerung,
ersehnen eine Veränderung,
in der sie sich berühren dürfen,
doch die Zeit ist um.

Sie verlieren sich in letzter Sekunde,
sind aus ihren Träumen aufgewacht.
Denn nach der blauen Stunde,
schläft der Tag und es herrscht die Nacht.

Ewan Morrison, *Storage*
manipulated photograph, 34 x 36 cm, 2020

GOODBYE

— Franca Schwab

It was back then, when all the storms you stirred up were still linge-
ring in the air
when you were longing for something you didn't know at the time
when you stopped loving.
Me.

In the darkest of forests once upon a time
Amidst the shadows of lost souls
With nothing left to shine

You found me with little hope inside
Reached for my hand
And shared your light

We followed the stars
And little by little
You healed some of my scars

For our dreams to come true we hoped in vain
Because as time passed,
they were no longer the same

Once upon a time two loved ones shared their last goodbyes
Holding each other
With tears in their eyes

It was back then when you taught me how to let go
when you left, with me still in your heart
and we both knew it was time to part.

Die drei Könige

— *Markus Grundtner*

Es geschah vor langer Zeit in einem fernen Königreich, dessen Name in Vergessenheit geraten ist. Es heißt von diesem Land, dass manche seiner Bewohner an Palmstränden lebten und in kristallblauem Wasser angelten. Unter ihren Booten sahen sie oft Schatten vorbeihuschen. Es waren die Meerjungfrauen, die ihnen Fische in die Netze scheuchten. Andere Bewohner trieben ihr Vieh auf ruhige Almen, die nur von einem sanft erschüttert wurden – dem Gelächter der Riesen, wenn ihnen ein Stalljunge Witze erzählte. Genügsam lebten auch die Bergwerksleute im verschneiten Norden. Falls die Gnome Lust dazu hatten, zeigten sie den Menschen einen der unterirdischen Schätze. An Geldvorräten mangelte es in dem Land aber nicht. Deshalb dröhnte aus den Gängen der Minen nicht das Schlagen von Spitzhacken auf Stein, sondern der Gesang der Kumpel bei ihren Trinkgelagen. All diese Menschen und zauberhaften Wesen wussten, wem sie ihre Lebenszufriedenheit zu verdanken hatten. Deshalb waren sie auch bestürzt, als sie erfuhren, dass ihr geliebter König Weisrich im Sterben lag.

Die Loblieder zu Weisrichs hundertstem Thronjubiläum schlugen in Wehmut um. Weisrich regierte seit seinem elften Lebensjahr. An seinen Vater Eifrich erinnerte sich kaum jemand, doch ohne seinen Einfluss wäre Weisrich nie der König geworden, der er war. Zu Eifrichs Lebzeiten hatten nur Menschen das Königreich bewohnt. Eifrich versuchte es zu vergrößern, doch er gab auf, als die Menschen sich wehrten. Ihre Furcht vor den fremden, magiebegabten Wesen in den umliegenden Ländereien schien unüberwindbar. Von neuem Fleiß getrieben wollte Eifrich gewinnbringende Geschäfte machen, um die Schatzkammern aufzufüllen. Nachdem er Geld verloren hatte, resignierte er auch hier.

Niedergeschlagen zog Eifrich sich zurück, um dem Volk durch

seine Kunst den Alltag zu verschönern. Er malte Bilder, die von Talent zeugten, aber noch keinem gefielen. Enttäuscht komponierte er Lieder. Manche der Strophen waren erhebend, die meisten hätte er verbessern müssen. Deshalb schrieb der verbitterte König im hohen Alter Geschichten. Für einige Passagen erhielt er Lob, insgesamt erforderten seine Arbeiten mehr schriftstellerische Ausdauer.

So lag Eifrich nur noch im Bett, weil er meinte, nichts Bleibendes zu hinterlassen. Angesichts seines baldigen Todes hatte er einen Einfall – die Saat, aus der sein Königreich aufblühen sollte. Er ließ nach seinem Schreiber rufen, um seinen letzten Willen zu ergänzen.

Für seinen Sohn Weisrich ernannte er drei Lehrer, die ihm zur Seite stehen sollten.

Aus dem Wolkenreich über der Welt erschien eine Sylphe. Der Luftgeist war durch alle Länder geweht und kannte Menschen wie auch Zauberwesen. Sie erklärte Weisrich, wer den Menschen gut gesonnen sei und wie er am besten mit diesen Geschöpfen Beziehungen knüpfen könne.

Aus dem Staat Bergen kam ein Gnom. Der bärtige Erdgeist war ein erfahrener Händler. Er verfügte über grundlegendes Wissen vom Wert aller edlen Metalle, die man finden und abbauen konnte.

Aus dem mächtigsten Vulkan der Welt kletterte ein Salamander. Der Feuergeist lehrte Weisrich durch seinen atemberaubenden Anblick, was Schönheit bedeutet und wie er diese Schönheit in der Kunst verwirklichen konnte.

Diese drei Berater folgten der Aufforderung des Königs allzu gerne, da sie von den Menschen immer schon fasziniert waren. Demgegenüber wollten die Menschen die Existenz der Zauberwesen aus Angst und Misstrauen nicht anerkennen. Das änderte sich spätestens dann, als sich der König des großen Meeres mit Eifrichs viertem Wunsch einverstanden erklärte. Der Wassergeist vermählte eine seiner Töchter mit Weisrich. Nun lebten Sterbliche und Zauberwesen in einem Königreich.

Am Tag der Hochzeit verwandelte sich die Meerjungfrau in einen

Menschen. Die neue Königin war Jahrhunderte alt. Ohne jemals die Hoffnung zu verlieren, hatte sie so lange darauf gewartet, durch die Liebe zu einem Menschen selbst zu einem solchen zu werden. Somit wurde auch sie eine Lehrerin von Weisrich. Sie brachte ihm die wichtigste Tugend bei – die Geduld.

Selbst auf seinem Sterbebett blieb Weisrich bedächtig, während sein Sohn Hastrich hektisch im Zimmer auf- und ablief. Dabei fuhr er sich mit zitternden Händen durch sein blondes Haar, das für Hastrichs Alter recht dünn war.

„Vater, was willst du mir sagen?", fragte Hastrich.

„Mein Sohn, ..."

„Schnell, sag nur das Wichtigste!"

„... als ich mit elf Jahren gekrönt wurde ..."

„Du kannst doch jeden Moment tot sein."

„Sei bitte kurz still."

„Aber, Vater!"

„Du musst dich endlich beherrschen. Du bist 15 Jahre älter, als ich es beim Tod meines Vaters war. Du hast aber noch lange nicht meine Besonnenheit, ohne die ich keine meiner Leistungen zustande gebracht hätte. Mein halbes Leben habe ich die Gebräuche und Sprache der Riesen studiert, um sie in unser Reich einzuladen. Heute kann jedes Kind die Riesensprache, die damals für den menschlichen Mund als unaussprechlich galt. Viele Rückschläge musste ich ertragen. Ich habe mehr daraus gelernt, als aus meinen Erfolgen. Und warum? Weil ich jeder Niederlage getrotzt und weitergemacht habe. Aber du warst nie ein guter Schüler. Das hat damit angefangen, dass du noch nie stillsitzen konntest. Präge dir nun wenigstens meine letzten Ratschläge ein: Zeige Fingerspitzengefühl gegenüber unseren Nachbarn. Manche sind kriegerisch und streitselig. Seit unser Reich aufgeblüht ist, herrscht Frieden. Sie warten nur auf einen Grund, uns anzugreifen."

„Ist klar, alles gemerkt!"

„Respektiere deine Mitbürger. Zwischen dir und ihnen besteht ein einziger Unterschied: Deine königliche Herkunft, die dich aber keinesfalls besser macht als sie."

„In Ordnung. Kann ich jetzt dann ..."

„Sei ein gewissenhafter Händler. Ich habe unsere Ländereien nicht erobert. Ich habe sie mir auch nicht erstohlen. Es liegen zwar Angebote für unsere Wälder, Minen oder Fischgründe vor, aber wir können zufrieden sein mit dem, was wir haben."

„... gehen. Du weißt schon, die Zeremonie und dann die Feierlichkeiten."

„Ich müsste dir noch so viele Ratschläge geben, mein Sohn. Nur noch eines: Ich vertraue dir und weiß, dass du ein sehr guter König werden wirst."

Weisrich schloss für immer die Augen. Der letzte Gedanke seines langen Lebens war bei der einzigen Aufgabe eines Königs, an der er gescheitert war – der Erziehung seines Nachfolgers.

Weisrichs letzte Amtshandlung bestand darin, im ganzen Land verkünden zu lassen, dass er seinem Sohn voll und ganz vertraue. Das Volk war beruhigt.

Hastrich eröffnete ein kostspieliges Fest, um seine Krönung zu feiern. Einige Wochen später erwachte er in seinem königlichen Gemach. Wie Gewitterwolken lagen dunkelblaue Ringe um seine geröteten Augen. Aus seinem runzligen Gesicht war jede Farbe gewichen. Sein Körper schmerzte als wäre er im Großen Meer bis zu den Chimären-Inseln und dann wieder zurückgeschwommen. Trotzdem griff er nach seinem vergoldeten Spazierstock und erhob sich ächzend von seinem Bett. Einmal erwacht konnte Hastrich nicht mehr einschlafen. Er hasste Tagedieberei. Er musste sich beschäftigen. Meist handelte es sich dabei aber um wenig Erträgliches. Von den Büchern seines Vaters hatte er kein einziges gelesen. Seine Opern waren ihm auch unbekannt. Sogar einige von Weisrichs Skulpturen standen im Schloss, doch lief Hastrich achtlos daran vorbei.

Auch jetzt eilte er durch die Gänge zu den Stallungen. Er beabsichtigte, eine uralte Tradition wieder am Hofe einführen. Die Wälder an der Grenze waren immer schon im Besitz seiner Vorfahren gewesen. Längst wurden sie nicht mehr zur Jagd genutzt. Das wollte Hastrich ändern. Schon bei seinem ersten Ausritt entdeckte er eine Wolfsmeute und hetzte ihr hinterher. Vor lauter Jagdbegeisterung übertrat er samt Dienerschaft die Grenze in das Land Walden. Heute noch befindet sich dort ein dicht bewachsener Forst, in dem die üppigen Baumkronen keinen Lichtstrahl zum Boden dringen lassen.

Die Wölfe entwischten Hastrich in der Finsternis. Er hielt an und stieg von seinem Pferd. In der Dunkelheit hörte er das Knacken eines Zweiges. Rasch griff er nach Pfeil und Bogen. Er zielte in die Richtung, aus der das Geräusch gekommen war und schoss. Er vernahm ein Bersten. Der Pfeil hatte die Rinde eines Baumstammes gespalten. Ein Aufkreischen erschrak Hastrich, der Baum schrie wie ein wundes Tier.

Was Hastrich nicht wusste: Walden war die Nation der sprechenden und fühlenden Bäume. Sie ähnelten den Menschen, nur waren sie tief verwurzelt und bewegten sich höchstens bei Stürmen. Ihre Beschützer, die Schrate, lockte das Geschrei des einen Baumes aus ihren Höhlen. Im Dunkeln glühten hunderte Augenpaare, welche der flüchtenden Jagdgesellschaft hinterher blickten. Die Schrate folgten den Menschen über die Grenze – in der Gestalt von Katzen, die vor dämonischer Freude kicherten. Ohne triftigen Grund durften sie keine ihrer Späße in einem anderen Königreich treiben. Doch Hastrich hatte die Natur von Walden verletzt und das war Grund genug.

In der darauffolgenden Nacht schliefen alle Bergbauern in Hastrichs Königreich. Daher bemerkten sie nicht die Katzen, die in ihre Ställe schlüpften, und sich in Kobolde verwandelten. Sie zogen die Kühe an ihren Eutern und Ohren, ritten auf ihnen und trieben allerlei Schabernack, sodass die Tiere nicht zur Ruhe kamen. Am nächsten Morgen gaben die müden Kühe nur saure Milch, was die Bauern aber nicht bemerkten. Wie üblich schickten die Bauern ihre

Stalljungen mit Milchkannen zu den Riesen. Auf diese Art zeigten sie ihre Dankbarkeit. Doch diesmal lachten die Riesen nicht. Die Milch schmeckte so ekelerregend, dass jeder Riese das Gesicht zu einer grässlichen Fratze verzog und kräftig mit dem Fuß aufstampfte. Ihr Zorn brauste auf, doch verflog auch schnell. Die Riesen waren bald wieder zum Scherzen aufgelegt.

In Hastrichs neu errichtetem Glaspalast klirrten aber bei jedem Aufstampfen die diamantenen Wände und Kronleuchter. Der König vermutete einen Aufstand der Riesen. Er schickte Späher aus, um die Lage auszukundschaften. Kaum hatten die Späher den Hof verlassen, schon wollte Hastrich nicht mehr auf ihre Nachricht warten. Also erklärte Hastrich den Riesen den Krieg. Alle jungen und kräftigen Bürger wurden dazu aufgefordert, sich Rüstungen aus den Kasernenkellern zu holen und diese abzustauben. Außerdem sollten sie die verrosteten Schwerter für den Kampf herrichten. Nach einigen Stunden fieberhafter Arbeit wurde Hastrich klar, dass jegliches Polieren und Schleifen nichts half. Neue Waffen mussten so rasch als möglich geschmiedet werden.

Ungerührt von dem ganzen Treiben hielten die Riesen andernorts ihren Mittagsschlaf.

Für das Aufrüsten brauchte Hastrich Geld. Sein Krönungsfest und sein neuer Palast hatten aber jene nun notwendigen Mittel verschlungen. So befahl er den Gnomen und Minenarbeitern mehr Gold und Diamanten abzubauen. Diese ließen sich nicht bei ihrem Umtrunk stören. Die Menschen traten in Streik. Die Gnome zogen sich in ihr unterirdisches Reich zurück, um den König mit einem Fluch zu belegen.

Hastrichs königliches Haupt schmerzte, als er beschloss, die Fischgründe an die Bewohner der Chimären-Inseln zu verkaufen. Hastrich presste die rechte Hand gegen seine glühende Stirn, während ihm der schuppenhäutige Unterhändler den Vertrag reichte. Hastrich nahm eine Feder und unterschrieb.

Nach dem Verkauf rüstete Hastrich in wenigen Tagen eine ganze

Armee aus. Jeder hätte ihn dafür gelobt, dies in solcher Eile zu schaffen. Wäre nur nicht bekannt geworden, dass keine Gefahr von den Riesen drohte. Die Späher waren auf dem Rückweg und wussten von dem Missverständnis. Zeitgleich traten aber die Boten mit der Kriegserklärung vor die Riesen. Darüber konnten die Riesen nur lachen – so laut, dass Hastrich glaubte, das Ende sei nah.

Zurückgezogen arbeitete er gerade an seiner Strategie. Hastrich konzentrierte sich so sehr darauf, dass ihm nicht auffiel, wie die letzten Haare auf seinem Hinterkopf länger wurden und sogar an seinem Rücken wie eine Mähne hinab wuchsen. Als er sich über seine Tisch-Landkarte beugte, stieß er mit seiner immer länger werdenden Nase dagegen.

Was stellte sein Körper bloß für Sachen an?

Hastrichs Stirn juckte immer stärker, aber als er sich kratzen wollte, sah er, dass seine Hand wie ein Huf aussah.

Genau in diesem Moment erzitterten die Wände von dem Riesen-Gelächter so stark wie nie zuvor. Eingeschüchtert wieherte Hastrich, ließ sich vornüber auf alle Viere fallen und galoppierte mit klappernden Hufen über die gläsernen Gänge aus seinem Palast. Er hetzte davon zwischen den Reihen seiner Soldaten, die verdutzt dem gekrönten Einhorn nachblickten.

Nachdem die Späher heimgekehrt waren und die Menschen die wahre Sachlage erfahren hatten, warfen sie ihre Rüstungen und Waffen von sich. Als rostendes Denkmal ließen sie den Haufen Metall liegen. Der Fluch der trunksüchtigen Gnome ließ ihn ziellos, aber unermüdlich über Strände, Felder, Berge und Täler laufen. Weder die Pracht der Landschaft, noch das Glück ihrer Bewohner fielen ihm auf. Er hatte nie die Zeit gefunden, zu heiraten und Nachfahren zu zeugen. König Hastrich vergaßen die Menschen bald, sie sprachen trotzdem über ihn. Einhörner waren keine Seltenheit, nur gab es da dieses eine Einhorn, das eine graue Mähne hatte und Falten unter den Augen.

CONTENTED SCENTS/ 11

— *Irina Brantner*

Alice found herself in Moscow one summer morning in June. Hot, bustling Moscow was beautiful in its own way. All day long Alice wandered through the long streets, quiet alleys and lovely parks, admiring the gigantic buildings and the endless variety of architecture. But by evening, fatigue overcame her, and she longed for a quiet, comfortable place and an aromatic cup of tea. Alice closed her eyes and imagined a small house in a garden full of flowers. She always did this, knowing that her thoughts would surely bring her to the right place. And so it happened this time. The first thing Alice heard when she opened her eyes was a soft meow. A fluffy cat, sprawled out on the stairs of a cute little house, was looking at Alice with interest, greeting her in his feline language. At the same moment, a pretty woman with a welcoming smile appeared at the door. It was obvious that she was a little surprised, but happy to see a visitor.

„Good evening - I thought you were my daughter coming in. You must be Alice?"

„Hello," replied Alice, „yes, that's me. Do you know me?"

„Of course, how could I not? Come on in, girl, let's have some tea. And when she comes home, you can meet my daughter."

„Thank you," said Alice and stepped inside.

Soon a chubby teapot of fragrant green tea, vanilla biscuits and jam made of rose petals

appeared on the table. Alice sat at the table by the window, drinking her tea, enjoying the view of the garden, where peonies, roses, violets and magnolias grew. "How beautiful and tasty everything is here! And I've never tasted rose jam, it's amazing" said Alice.

„Thank you, dear, I make it myself. From the rose bush outside the house, look."

Alice came out of the house, breathed in a full chest and said „How I wish I could remember this smell forever: the scent of the garden with its flowers and trees, green tea, vanilla biscuits and rose jam"

„I can help you there."

Alice looked round at the sound of this chiming voice, and saw a beautiful young girl with long golden hair. „Here comes my daughter," said the woman, hugging her.

„You look just like a fairy from a storybook!" Alice exclaimed.

The girl's face lit up with a smile „And so I am: a fairy. The Fragrance Fairy, look: "The girl made a peculiar gesture with her hand and a beautiful bottle of clear liquid appeared in her palm. „For you; smell it!"

Alice opened the wooden cap and was dumbfounded. She felt the scent of this garden: roses, green tea, vanilla – and something else, cosy and lovely. The bottle bore a tiny inscription: ‚11'.

„Thank you!" said Alice. "But why 11?"

The Fragrance Fairy smiled enigmatically. "You should know that better than I do. Come and see me again, I'll be sure to surprise you. Promise?"

"Of course, but how will I find you?"

"Don't worry, I'm a fairy: I'll find you myself. Just don't stop believing in miracles." Alice hugged the fairy tightly, but in a moment the fairy disappeared into thin air and Alice found herself at home, in the middle of her living room. A vial with a wooden cap numbered '11' rested in her hand, weighty and fragrant.

— Сергей Попов

Акварельная улица.
Фонари расплываются.
С небом осень целуется.
Чей-то контур лица
Мне из мглы улыбается,
Как сонет без конца,
Как видение венца.
Новый день начинается …
1998

— Sergey Popov/translation: Aurel Hauser (literal translation)

Watercolour street.
The Lanterns blur.
Autumn kisses the sky.
The shape of someone's face
Smiles at me out of the dark,
Like a sonnet without end,
Like the spectre of a crown[1].
A new day begins …

[1]or halo/aureole

— Sergey Popov/translation: Aurel Hauser

Watercolour street.
Where autumn and the sky meet.
Where the lantern blurs.
The shape of someone's face occurs.
Smiles at me from darkness,
Like a sonnet that is endless,
Like a halo that appears.

A new day nears …
1998

— *Sergey Popov/Übersetzung: Aurel Hauser*

Aquarellstraße.
Laternen zerrinnen.
Herbst küsst den Himmel.
Die Kontur eines Gesichts
Schmunzelt – *out of the dark*
Wie ein Lied ohne Ende,
Wie das Phantom eines Wieners.
Ein neuer Tag bricht an …
1998

Translator's note: Though it may seem like the German translation is taking some creative liberty, this different interpretation of the Russian original actually exploits the ambiguity of the word венца, the genitive of венец. Depending on the stress, it either means венéц 'crown, halo' or вéнец 'Viennese'. Readers who are familiar with Austrian pop culture might appreciate this little twist of the German translation.

COPPELIUS'S GIFT

— *Alexandra Kurcikova*

In night's disguise I learned to walk,
in madness
in this cruel fog,
My eyes perceived
the soul of things.

What is this dream,
What can one use,
To walk once more,
in day's bright hues
It's him,
It's Coppelius who speaks to you,
of every –
thing that shall be done to you.

And as you stand
before sleep's doors, his sand will fill my eyes
and yours
Now you may see
the real red truth –
of what life could,
yet might it ever be

The crimson shade
that taints my dreams,
 with times that were
with times to be.

What might calm the storm,

bring peace to me
And wake me from this mad,
mad fantasy.

Veronika Tiefenbacher, *Ohne Titel*
Acryl

GEGRETELT

— *Katja Grcić*

Auszug aus einem unveröffentlichten Drama
Aus dem Kroatischen von Olja Alvir

streck den finger raus

GRETEL kommt zurück in das hexenhaus. die HEXE sitzt am tisch, der voller geschirr ist – töpfe, schöpfer, mixer, kochmaschinen, bretter, messer. sie scrollt abwesend am handy herum.

HEXE: wo warst du die ganze zeit, verdammt?

GRETEL *(müde)*: es ist mir was dazwischengekommen, ich konnte nicht früher … tut leid …

HEXE: weißt du wie viele bekannte und wichtige leute ich für morgen eingeladen hab? checkst du nicht, wie wichtig dieser abend für mich ist? verdammte scheiße. ist dir klar, dass ich jetzt die ganze nacht arbeiten werde müssen, alles nur, weil du eine unverantwortliche, undankbare kuh bist?

GRETEL *(zerknirscht)*: es gab keinen thymian

HEXE: wo warst du, hm? nicht irgendwo irgendeinen deiner deppen vögeln? was hat sich denn so wichtiges ergeben, das würd mich echt interessieren. ich bitte dich ganz nett, dich zu beeilen, und das ist der dank … für alles … du hast echt ne deftige ohrfeige verdient, aber weil hier gerade leute zusehen, werd ich mich zusammenreißen

GRETEL: wo ist hänsel?

HEXE: ruht sich aus

GRETEL: er ruht immer

HEXE: hör mal auf so neidisch zu sein

GRETEL: ich bin nicht neidisch, ich verstehe nur nicht wie er ständig rasten muss, und ich muss immer irgendwas arbeiten oder erledigen

HEXE: arbeit ist freiheit gretel. fürchte dich nicht, bald kommt auch deine zeit zu rasten, du wirst ruhen wie nie zuvor! *(pause)* angesichts des ärgers, den du mir verursacht hast, wäre es finde ich gut, wenn du mir jetzt in einigen dingen ohne widerrede entgegenkommst

GRETEL *(argwöhnisch)*: in welchen dingen?

HEXE: im bezug drauf, dass ich was brauche – *(nimmt ein stück papier vom tisch und liest im ton einer aufzählung vor)* einen teil deiner lungen

GRETEL weicht zurück.

HEXE: eine hüfte

GRETEL macht noch einen Schritt zurück.

GRETEL: gluteus maximus

Und noch einen.

HEXE: sieben, acht finger, ein bisschen vom leberchen, eine niere, einen ganzen kehlkopf, beide augen und dein herz wenn's nichts ausmacht

GRETEL erstarrt.

HEXE: was bist du so bleich geworden? du dachtest nicht etwa, es gäbe so was wie eine gratis mahlzeit? irgendjemand muss immer draufzahlen

GRETEL: was redest du?

HEXE: meine liebe, meine besonderen gäste erwarten ein besonderes menü

GRETEL: menschenbraten?

HEXE: heutzutage ist es schwer, innovativ zu sein, aber wer nicht wagt, der nicht gewinnt

GRETEL *(entschlossen)*: ich will nicht deine innovation sein

HEXE: warte mal, denk doch mal nach – wolltest du nicht schon immer etwas besonderes sein? siehst du denn nicht, dass das eine gelegenheit ist, die du nicht verpassen kannst? überleg doch mal …

GRETEL: ich hab drüber nachgedacht und es gefällt mir nicht. ich würde gerne meine organe und gliedmaßen gerne behalten, wenn möglich.

HEXE: das habe ich vermutet, dass du nichts verstehen wirst. und nicht dankbar sein wirst für die privilegien, die ich dir biete. traurig, aber so ist es. dabei habe ich so viel für dich getan, aber du kannst einfach nicht genug kriegen. und jetzt wo ich dir etwas anbiete, wovon die anderen nur träumen können, willst du nicht ... du willst es nicht. einfach so, sagst nein und willst nicht. wenn das nicht gruselig ist, dann weiß ich auch nicht ...

die HEXE lässt sich resigniert auf den stuhl fallen und fängt an, zu schluchzen.

HEXE: was soll ich denn jetzt tun, ich arme ... immer lassen mich alle auf dem trockenen sitzen

GRETEL: ach komm, so meinte ich es nicht ...

HEXE: was denkst du von mir, das ich irgendein bösewicht bin? ein schurke? wenn irgendjemand hier das opfer ist, dann ich! ich habe jahrelange verfolgung hinter mir, falsche anschuldigungen, schlimmste qualen und folter ... wenn du nur wüsstest, was ich alles durchgestanden habe ... das hat niemand erlebt, niemand!

GRETEL: es tut mir leid, wirklich tut's mir leid ...

HEXE: ich wünsche mir ein neues leben, ein gutes leben! ich möchte die vergangenheit hinter mir lassen, verstehst du? ich möchte so sein wie alle anderen, nur besonderer, verstehst du? und jetzt wo ich dich darum bitte mir einen kleinen gefallen zu tun, hintergehst du nicht nur mein vertrauen und bleibst stundenlang weg, nein, du schaust mich jetzt auch noch so entsetzt an, voller verachtung ... (heult) ich kann das nicht mehr ertragen ... das kann man nicht ertragen ... diesen schmerz ... *(greift sich an die brust)*

GRETEL: ich verachte dich doch nicht, es hab nur das gefühl, du verlangst ein bisschen zu viel ...

HEXE: oh mein gott, hören diese qualen denn niemals auf ... ich „verlange zu viel", in meiner selbstlosigkeit und reinsten liebe dir und deinem bruder gegenüber ... als wärt ihr mein eigen fleisch und blut ... ich kann nicht mehr mit diesen vorwürfen ... und diese gewalt die du jetzt mir gegenüber ausübst, ich kann nicht, ich kann einfach nicht mehr, bitte geh mir aus den augen … es tut zu sehr weh …

GRETEL bleibt zunächst verwirrt stehen, geht dann aber auf die HEXE zu, umarmt und tröstet sie.

GRETEL: ach, beruhig dich doch, so ist es doch nicht …

HEXE schluchzt.

GRETEL: ich bin mir sicher, wir können irgendeine lösung finden …

HEXE *(zwischen schluchzern)*: es gibt nur eine lösung, aber du bist zu egoistisch und selbstsüchtig dafür …

GRETEL: es gibt immer raum für kompromiss …

HEXE: kompromiss? das ist das schlimmste wort überhaupt! leer und faul! ja, kompromiss … na lass mal hören, was für einen kompromiss würdest du vorschlagen, hm? dass ich meine leber, niere und lunge hergebe, und du den kehlkopf, die finger und die hüfte?

GRETEL: ja, vielleicht …

HEXE: ja und wer soll uns dann kochen? wer die dame des hauses spielen? wer die anerkennung und den ruhm ernten? da gibt's keinen kompromiss gretel … entweder du liebst mich oder nicht … die dinge sind sehr einfach …

GRETEL: für mich nicht so, irgendwie liebe ich dich und auch nicht

HEXE: du bist ja nicht normal. ich hab das immer schon geahnt, aber bitte, jetzt kann ich es mit sicherheit sagen. du brauchst wirklich professionelle hilfe.

GRETEL: ach und du, die menschenbraten kochen will, nicht?

HEXE *(kreischend)*: ich bin eine innovatorin, dummerchen! und du? was bist du? ein unfähiges kleines dreckstück, das nicht einmal ein verficktes gewürz holen gehen kann, ohne dass ihr „etwas dazwischenkommt"

GRETEL: wenns dich interessiert, ich wurde überfallen

HEXE *(sarkastisch)*: ach ja? unmöglich …

GRETEL *(zerknirscht)*: und wie es möglich ist

HEXE: schade, dass der angriff erfolglos war … sonst könnte ich jetzt vielleicht in ruhe kochen und müsste keine unnötigen diskus-

sionen führen … verschwinde bitte, ich kann nicht mehr (steht auf)
ich muss etwas beruhigendes nehmen …
*die HEXE geht zum medizinschrank, kramt eine grüne packung
valium hervor, nimmt zwei tabletten und geht sich hinlegen. GRETEL
steht wie angewurzelt da und starrt auf den tisch mit dem geschirr
und den messern.*

hegezeit

GRETEL telefoniert heimlich, spricht mit gedämpfter stimme.
GRETEL: hallo?
STIMME: hallo
GRETEL: spreche ich mit dem jägerverein der beschützer und retter
misshandelter frauen?
STIMME: am hörer, wie kann ich ihnen helfen?
GRETEL: ich habe den begründeten verdacht, dass mich jemand
kochen will
STIMME *(ironisch, ungläubig)*: ooo-kay
GRETEL: können sie bitte jemanden vorbeischicken?
STIMME: jemanden vorbeischicken. hm, hören sie meine dame …
GRETEL: ich bin keine dame
STIMME: gut, was auch immer sie sind, sie haben leider während
der schonzeit angerufen
GRETEL: was heißt das?
STIMME: das heißt, dass wir vorübergehend keine jäger zur verfü-
gung haben, da wir zu dieser jahreszeit gesetzesmäßig die jagd auf
wilde, wilderer und wilderinnen unterbrechen
GRETEL: das heißt niemand kann mir helfen
STIMME: dass habe ich nicht gesagt, die dame
GRETEL: ich bin keine dame
STIMME: hören sie, die jäger müssen sich ausruhen, das ist gesetz-
lich so vorgeschrieben. Ich kann ihnen jetzt insofern helfen – und
gleichzeitig die finanziellen förderungen, die unser verein bekommt,

rechtfertigen – dass ich sie mit unserer holistischen heilerin verbinde

GRETEL: holistische heilerin?

STIMME: ja, sie kann ihnen helfen, gefühle des ärgers sowie verbitterung dem täter gegenüber zu überwinden und ihr selbstbewusstsein zu stärken

GRETEL: hören sie mir überhaupt zu, meine dame? ich habe ihnen gerade gesagt dass mich jemand kochen und als mahlzeit servieren will, und sie erzählen mir hier was von selbstbewusstsein

STIMME: aber frau … äulein, studien zeigen, dass das selbstbewusstsein eine schlüsselrolle spielt im kampf gegen gewalttäter …

GRETEL: unmöglich

STIMME: ich möchte ihnen wirklich helfen und verstehe, dass sie es gerade schwer haben …

GRETEL: gut, und wie lang dauert diese schonzeit bei ihnen?

STIMME: üblicherweise bis zum moment, in dem sich das problem von selbst gelöst hat. dann kommt es gemeinhin zur beendigung der hegezeit und die jäger werden wieder für sie verfügbar

GRETEL: fantastisch

STIMME: aber wir stehen ihnen die ganze zeit zur verfügung und unsere energetiker werden ihnen gerne dabei helfen, negative gefühle in …

GRETEL: bis dahin werde ich ein menschenbraten sein, komplett durch! verstehen sie mich?

kurze stille am anderen ende.

STIMME: wenn sie um ihr leben fürchten, ist es vielleicht am besten, sie flüchten, so bald sie können…

GRETEL: aber mein bruder …

STIMME: was ist mit ihm?

GRETEL: ach, nichts …

GRETEL legt resigniert auf.

SALVATION

— Mihajlo Dasukidis

They are threatening us. Again. I can hear their voices, insulting me, cursing me, trying to frighten me. Their shouts tear the fabric of sanity. I hear their boots marchin' up an' down again. I see their shadows creep into my dreams. They are hijacking my every thought, my every emotion.
But not my memories.

They are still there, unspoiled, untouched by Now. Once upon a time when the sky was so low it almost touched the ground, and we thought it would crush us, but it never did, when life seemed like only a few more years for us, that time – they cannot take away from us.

We saw greater fire than their lies, sharper thunderbolts than their cruelty. I am afraid – yes, but not as afraid as I was when I thought you would leave. I am sorrowful, but not as sorrowful as I was without your hand in my hand. I will succumb, but not to their threats; I will break down from just one tear of yours, the one I will not be able to catch.

Let them come! We both know there is nothing protecting us from them; there never was. All our life we were standing on the very brink of despair, and all it would take them is one…

little…

push.

But you and I, we are somewhere else, out of their reach, out of this world. Our memories are our haven. We are not Now; we are Once upon a time. They lost. Again. As they always will.

CONTE DE FÉE

— *Robert Desnos*

Il était un grand nombre de fois
Un homme qui aimait une femme
Il était un grand nombre de fois
Une femme qui aimait un homme
Il était un grand nombre de fois
Une femme et un homme
Qui n'aimaient pas celui et celle qui les aimaient

Il était une fois
Une seule fois peut-être
Une femme et un homme qui s'aimaient.

FAIRY TALE

— *Robert Desnos/translation: Irina Brantner*

Many more times than once upon a time
There was a man who loved a woman
Many more times than once upon a time
There was a woman who loved a man
Many more times than once upon a time
There was a woman and a man
That didn't love those who loved them

Once upon a time
Only once maybe
A woman and a man loved each other.

DER PACKESEL

— *Dario Florian Bogenreiter*

Der Himmel wurde gerade hell, die Sonne war jedoch noch nicht aufgegangen, da legte ein in die Jahre gekommener Mann seinem Packesel das Geschirr an. Das Tier hielt still und der Alte handelte langsam, aber mit großem Geschick. Jeder Handgriff war wohl geübt und saß gleich beim ersten Mal.

Nach diesen Vorbereitungen blickte der Herr des Esels sein Tragtier noch einmal prüfend an und richtete sich dann seine Kleidung zurecht. Joaquín nannten ihn die Leute im Dorf. Der, der von Gott aufgerichtet wurde. Aufrecht stand er nun auch da, trotz seines Alters. Einen Moment noch hielt er inne, genoss die morgendliche Stille und bemerkte die Frische des Tages. Dann spürte er in sich einen starken Tatendrang, griff nach den Zügeln, die er zuvor am Vierbeiner befestigt hatte, und schritt entschlossen voran. Die Wiese war noch feucht vom Tau und in weiter Ferne hörte er ein paar Vögel zwitschern.

Ein langer, beschwerlicher Weg führte vom kleinen Dorf ins Hochgebirge. Der Alte kannte ihn in- und auswendig, denn er war ihn schon unzählige Male gegangen. Zunächst nur der Wanderlust wegen, doch schon bald, um aus der Natur ein Geschäft zu machen. Damals hatte er zusammen mit seiner ganzen Familie hoch oben im Gebirge, Woche für Woche und Jahr für Jahr, Eis geerntet. Alle in der Umgebung hatten sie versorgt. Doch jetzt war er der Einzige, der diese Tradition fortführte. Er und sein treuer Freund – der Esel. Der Grund für diese Entwicklung lag in der geringen Nachfrage nach Natureis. Die Leute hatten nun Kühlschränke, Gefrierkammern oder sonstige technische Errungenschaften, mit denen sie so viel Eis und Kälte erzeugen konnten, wie sie nur wollten. Lediglich ein paar treue Stammkunden und eine noble Cocktail-Bar im Nachbarsdorf kauften noch echtes Gletschereis. Nichtsdestotrotz war der alte Mann in seinem Heimatdorf hoch angesehen. Alle grüßten ihn stets achtungsvoll und manche bezeichneten ihn sogar als lebende Legende – mit Betonung auf „ende", denn sein Nachfolger wollte niemand werden.

Als Joaquín das Dorf verließ, waren die Straßen noch leer. Zügig, aber keineswegs hastig, stieg er den steilen Weg hinauf. In all den Jahren hatte er gelernt, sich seine Kräfte gut einzuteilen. Wurde der Weg etwas flacher, nutzte er die Gelegenheit und ließ sich eine Weile vom Esel weitertragen. Begann der Pfad herausfordernder zu werden, nahm er die Zügel wieder in die Hand und führte das Tier stetig und sicher in immer höhere Lagen.

Oben angekommen, machte er sich sofort an die Arbeit. Mit einer Spitzhacke bearbeitete er das scheinbar ewige Eis und trennte mit präzisen Schlägen große, quaderförmige Brocken ab, die er in Heu wickelte und am Esel befestigte. Joaquín konnte sich noch gut daran erinnern, als er hier das erste Mal angekommen war. Sein Vater hatte ihm damals ein kleines Stück Eis abgebrochen und er, als neugieriger Junge, hatte es rasch in den Mund gesteckt. Das gefrorene Wasser hatte frisch, mineralisch und leicht erdig geschmeckt. Wie sich dieser kleine, harte Fremdkörper in seinem Mund aufgelöst hatte, würde er wohl nie vergessen. Auch nicht die Kälte damals. Wie sehr er doch gefroren hatte. Dass er heute nicht mehr so empfand, lag einerseits an seiner Haut, die im Lauf der Zeit immer dicker geworden war. Andererseits am Eis selber: Jahr für Jahr zog sich der Gletscher ein wenig zurück.

Nachdem der Esel bepackt war, ging es wieder bergab. Der Abstieg gestaltete sich wesentlich gefährlicher als der Aufstieg. Nur zu gut konnte sich Joaquín an seinen Jugendfreund erinnern, der bei gemeinsamen Wanderungen das Ziel stets als Erster erreicht hatte. „Wer bremst, verliert." Das hatte er oft gesagt und nach diesem Motto hatte er gelebt. Es wurde ihm eines Tages zum Verhängnis. In Gedanken war er damals schon unten gewesen, da war sein Körper ins Stolpern geraten und abgerutscht. Plötzlich und für immer verschluckt vom tiefen Tal der Vergangenheit. In Gedenken daran wählte der alte Eishändler einen bedächtigen und weisen Gang. Stück für Stück und Schritt für Schritt ging es bergab.

In seinem Heimatdorf waren inzwischen auch die anderen Bewohner auf den Beinen. Ein kleiner Nachbarsjunge bemerkte den Mann und seinen Esel, die gerade zurückkamen, und winkte ihnen freundlich zu. Der Alte erwiderte den Gruß, lächelte breit und offenbarte dabei seine Zähne, an denen die Zeit genagt hatte. Manche waren schon ausgefallen und die verbliebenen waren nur noch gelb-braune Ruinen. Doch die Freude war dieselbe wie die, welche auch im Gesicht des Jungen zu sehen war.

Müde, aber zufrieden ging der Alte nach Hause, lud seine Ernte ab und brachte sein Nutztier in den Stall. Zum Abschied schaute er dem Tier tief in die Augen. Der Esel. Was für ein faszinierendes Lebenswesen. Wie viel Macht er doch hatte, über das, was sein Durchhaltevermögen betraf, und wie wenig über das, was mit ihm geschah.

Nachdem er den Packesel untergebracht hatte, richtete er ein letztes Mal an diesem Tag seinen Blick nach oben, auf das Gebirge mit der zackigen Felsstruktur. Gedankenverloren nickte er mit dem Kopf. Bergauf. Schritt für Schritt. Oben ankommen. Es folgt Schlag auf Schlag. Etwas nehmen. Bergab gehen. Etwas die Ruhe genießen. Etwas lieben. Etwas geben, das zergehen wird. Dann wieder hinauf. Hinab. Tick und Tack. Ein Leben lang.

ANCIENT JEWESS, KUNSTHISTORISCHES MUSEUM

— Andrew Giarelli

In a room of ancient things I found you,
Painted into parchment when Hadrian ruled.
Your chiseled chin rose to a broad forehead
Like some sloping urn whose interrogatives remain,
Baffling the cruel, dense centuries.
Your eyes glistened like black Tiber pebbles,
Your lips a question posed within parentheses.
Gazes locked, we discussed my last campaign.
Then I removed your diadem,
Careful not to catch your hair,
Then your necklace, all your thin array,
Till on your velvet couch we lay,
Begetting one another in each other's eyes,
Entrusting all our moments to a lovers' bed of lies.

VIENNESE SEDUCTION

— Andrew Giarelli

Her arms encircled his neck
Like her nagging golden band
Encircled her finger.
He? Well, she was drunk,
Her sister laughed.
Our mother and father are dead
And I have not seen her like this
In five years —

We all clinked glasses and he,
The conquest all before him,
Said you must meet eyes
When you clink glasses,
Lest the sex be bad.
Next morning two frail flowers,
White hearts stained a bright blood red,
Lay broken on the path in Potzleinsdorfer Park.
Their fluttering, planted kindred
Reached for them in spring's soft wind.

INDIANA JONES

— el

once upon a time there was a little girl. oh hell no. let me start over.
once upon a time i was younger. much younger, or was i? prob-
ably the age where i now want to spontaneously scream at the
supermarket-cashier asking me how old i am when buying alcohol
of some sort. let's say seventeen, or at least that's the age i wanna
scream, yes i am seventeen, yes i am allowed to buy that can of beer
alongside organic brazilian oranges cheese and bread. yes what yes
you can see my id. it says twenty-three oh sorry yes. yes no i am not
seventeen, whatever, thank you, goodbye.

once upon a time, framed somewhere in that timeframe. feeling
like i was not living the life. i mean, it is definitely unclear what that
even means, but at least i felt as if i was not having as much fun as
everyone else. everyone close to me, moderately close to me or not
even that close to me, like internet people. once upon a time i felt
left out. fundamentally alone in groups, constantly thinking about
other people's fun and constantly thinking about my weight. feel-
ings that would arise being with my family as well. which was not a
side effect actually. it was the main effect, the main event even. once
upon a time there was me. me, alien of weight, alien of age. you get
the picture. e.t.

once upon a time, much closer to the present, like so close to the
present it could have been yesterday, maybe even was yesterday. yes
was yesterday, yesterday it was, times like yesterday call for special
ways to kill time. we all face it, let's face it, face our own beloved or
not so beloved four walls all day long becoming a well needed prison
or not so much needed prison, anyway, going through some old
pictures on my hard drive which is a real special way to kill time be-

cause this special hard drive has to be plugged in, needs electricity, so i had to be sitting very uncomfortably to make that happen. going through some old pictures, taken once upon a timeframe, i saw me. me, and me with family, me with friends, me with short hair. looking good actually, girrrrl looking good. looking not so girly actually. cool indiana jones sweater.

once upon a time, the day before yesterday and a specific timeframe before and until that day i was thinking, i am feeling quite comfortable within myself. how did that come about. how'd that shift happen. mirror reflecting back a picture of me with again short hair, borrowed dungarees, a men's t-shirt with rolled up sleeves, wearing a tight sports-bra. the day before yesterday and a specific timeframe before and until that i was thinking, that's new. that's great. thinking that finally feels like me, even harder thinking, where the hell have i been.

once upon a time, much closer to the present, like so close to the present it could have been yesterday, looking through some old pictures, looking at me i recognized that i always existed, and even at the worst of times my inner indiana jones, that i so deeply need now, shone through.

WALDSPERRE

— Markus Krehan

Du
bist über die Sperre gesprungen und hast dich im Wald verlaufen;
und sahst wie zur Krönung
Königskinder in den Turm gesperrt
und gestochen scharfe Dornen herauskamen und
Hühnerknochen wurden
und ihnen schön aufgingen wie Locken.
Und
abends sahst du
die Jäger ihr Haar herunterlassen;
und wie sie aus dem Wald finden
und für die Sperre Nadeln sammeln
und dich nur unverändert auf die Seite legen
und es nicht sticht
und du nicht lachst über die Könige.
Und Du
hast kein Geräusch gemacht und
hast dich in den Wald verliebt und
als sie dich in den Turm trieben
und in den Wald schicken wollten: Kein Wort von dir.
Und Du
wolltest, wir könnten gekrönt uns wiedersehen
und die Könige töten und uns nähern den Bäumen:

Aber laufend über Waldsperren habe ich Könige des Waldes wie
dich wie Bäume gebrochen:
ein Riese, der den Turm und den Fluch und den Wald brach und
sprach.

EVERY WOMAN

— Celina Basra

I can cast a spell, see, but you can't tell
Mix a special brew, put fire inside of you
Anytime you feel danger or fear
Then instantly I will appear ,cause
(...)

As I sip my coffee on the balcony, my new and special luxury, all cleaned up, with the remaining dove shit pushed into the dark corner underneath the wooden bench, a Fiat Panda stops downstairs and opens its doors; I am sung wide awake by Whitney Houston telling me that *I'm every woman, it's all in me.*

A bit early for these life-affirming lines, though I'd like to think that this particular one is very libra- me: *I can sense your needs, Like rain unto the seeds.*

I need to get rid of that draining habit. Perpetually raining on someone else's needs is seriously dehydrating. Who is this every woman now, I'd like to know. Is she still alive at all beyond the 90's? A sexy spectre on speed, dancing through the ceilings in body-con dresses without getting tired, ever? I do like that she is more Zeus than Diana here, being the rain and not the passive seed, lying in the ground and waiting. I am too impatient to be a seed anyway, though as an element, I would always choose the wind, the air, invisible and invincible.

As the song keeps playing, I agree with every woman, that *I can make a rhyme of confusion in your mind.* Easy. No-one tells stories more rambling than I do.

I am barefoot and it's too cold for that kinda freedom, but my feet can sense that it will be a lovely day, lovely day, lovely day, almost May; Bill Withers would love it, and I know that the tune in my ear all day will be a perfect Bridget Jones soundtrack that I didn't invite in in the first place. I am watching the local doves, who used to live on this balcony, as they settle in their brand new nest on the tree that is almost touching me with its brand new light green leaves; settling into a brand new nest, same as I am right now.

I do not quite inhabit it yet though, a nest that is tangible and freshly painted; I am still a little bit afraid that the loveliness might go away again, just disappear, which is why I never properly sit down or breathe out. Why I always get up early, leaving the person next to me, peaceful, angelic, oblivious, to sit on the balcony, my window of solitude, the state I might actually be most comfortable with. But don't tell anyone, it's a secret.

A pandemic is a time to realize that you find comfort in being antisocial, or rather, just being on your own, like you were as a kid, with a big stack of books in the garden, rented from the library, making yourself a new cheese sandwich every few hours.

What about the social inclinations of every woman? Never a loner in the true sense of the word, she is surely not sticking around if she doesn't want to. She is the rain, for god's sake, the best lover you every had, gone in a flash but will instantly appear, anytime you feel danger of fear.

The best thing you can ask for really.

UNSERE WELT, YWO, STEHT STILL

— *Zarah Weiss*

Unsere Welt, Ywo, steht still. Wenn ich am Fenster sitze, kann ich den Fluss rauschen hören und manchmal, manchmal gehe ich dort vorbei und trete an sein Ufer.

Nie stehe ich an der Stelle, an der ich aufprallte, sondern immer nur dort, wo Du gefunden wurdest.

Sie sagen, ich bin ruhelos, wenn ich immer wieder zurückkehre an den Ort des Geschehens, sie sagen, ich versuche Ruhe zu finden und Erklärungen und wirkliche Erfüllung dessen, was passiert ist.

Aber sie wissen nichts, weil sie sich nicht erinnern.

Sie wissen nicht, dass ich nicht dorthin zurückkehre, wo ich aufprallte, sondern immer nur zu Dir, Ywo, immer nur zu Dir, Ywo. Ich suche keine Ruhe, ich suche Dich. Aber ich sehe Dich nie. Mehr als 600 Jahre sind vergangen und Du bleibst verschwunden.

Wo haben sie Dich hingebracht? Haben sie Dich am Fluss gelassen, an der Stelle, an der ich Dich fand? Haben sie Dich weitertreiben lassen? Haben sie Dich letztlich doch begraben?

Ich erfuhr es nie, weil ich direkt in den Fluss sprang.

Vom Fenster aus, von dem Fenster, an dem ich tagein tagaus auf Dich wartete, auf die wenigen süßen Stunden meines Lebens in Zeiten der Pest.

Unsere Welt, Ywo, steht still und die Menschen haben sich doch nicht verändert.

Sie sind krank, sie sind misstrauisch, sie haben Angst. Sie feiern ihre schlecht bezahlten Helden und sie urteilen über das Leben anderer und fast alle glauben, es richtig zu machen.

Du bist an der Pest gestorben und ich bin an den Menschen gestorben.

Dein Schicksal war Deine Habgier und mein Schicksal war meine Wollust.

Warum haben Sie Dich deswegen nicht angeklagt, Ywo, nur mich? Es hat sich nichts verändert. Auch heute noch würden sie mich anklagen, vielleicht würden sie mir heute noch HURE an die Hauswand schreiben, vielleicht würden sie die Drohungen nicht mehr in Briefen, sondern über den Äther des Internets schicken.

Hast Du den Toten damals wirklich ihre Dinge weggenommen, Ywo? Hast du sie sterben lassen, um Dich an ihrem Hab und Gut zu vergreifen?

Wir haben so viel falsch gemacht.

Wir könnten sagen, das ist menschlich.

Wir könnten sagen, das ist falsch.

Ich sehe dieselbe Unsicherheit wie damals, nach all den Jahrhunderten der Veränderung ist doch alles gleichgeblieben.

Es sind keine Leichentransporte auf den Straßen, aber die Polizei; Menschen tragen Masken, schließen sich ein, alles ist gesperrt.

Unsere Welt, Ywo, steht still und sie ist aus den Fugen geraten wie damals. Auch wir hatten Dinge, auf die wir zählten und die plötzlich nichts mehr wert waren. Auch wir hatten Dinge, derer wir uns sicher waren und die plötzlich nicht mehr existierten.

Ich hatte Deine Liebe, Ywo, aber sie war nicht recht.

Ich hatte Deine Liebe durch mein Fenster, dort begann sie und hier stehe ich am Fluss, wo sie endete.

Glücklich ist, wer gerade nicht allein sein muss.

Glücklich ist, wer es schafft, die Unsicherheit auszuhalten.

Nimm eine Seuche, nimm eine Seuche und platziere sie mitten in eine unperfekte Welt, die sich der Mensch nach seinen Maßstäben geschaffen hat.

Ich beobachte, wie sich alles wiederholt. Ich bin nicht mehr betroffen, ich kann über all dem stehen, ich habe leicht reden, ich zeige mich nur ab und an am Fenster oder am Fluss und sie machen aus mir eine Geschichte, um mich einzuordnen, mich zum Teil ihrer Welt zu machen. Du kommst auch vor.

Ich bin eine alte Geschichte, ich gebe mich weise. Aber stünde ich dort, mittendrin, ausgesetzt, auch ich wäre mir selbst die Nächste. Auch ich wäre zu allem fähig, um Dich bei mir zu behalten, Ywo.

Es ist mir misslungen.

Ich bin allein zurückgeblieben und ich beobachte eine Seuche, die sich auf der ganzen Welt ausgebreitet hat, viel weiter noch, als wir uns je die Erde erträumt hätten, und mir sind die Hände gebunden. Ich kann nur zusehen, ich kann nur immer wieder sehen, wie zerbrechlich wir alle sind und wie viel stärker doch auch, als wir oft glauben.

Unsere Welt, Ywo, steht still und es ist, als horchten alle. Es ist eine lange Zeit des Wartens. Auf ein Husten, auf ein Testergebnis, auf eine Nachricht. Auf eine Normalität.

Wer zur Hölle möchte diese ganz alte Normalität, würdest Du jetzt fragen. Du würdest sagen, das ist eine Chance und die Welt kann sich danach zum Guten verändern.

Aber Du hast auch niemanden verloren, Ywo, im Gegenteil, Du hast Dir genommen. Den Besitz der Kranken und Toten, hast Du ihn genommen? Hast Du das wirklich getan? Warum bist Du nie für mich eingetreten? Warst Du nur ein Mensch Deiner Zeit? Wie viel kann ich entschuldigen, wie viel vergessen? Ich bin wütend, Ywo, auch auf mich. Ich hätte mich selbst nicht so wichtig nehmen sollen. Ich habe alle um mich im Stich gelassen, habe ein zu großes Risiko in Kauf genommen. Und dann haben sie mich im Stich gelassen. Auch Du.

Aber jetzt wird es Sommer und alles wird leichter und manches scheint wieder möglich und Menschen scheinen sich ändern zu wollen. Ich kenne nur die Vergangenheit, ich kenne unsere Triebe, Instinkte. Unsere Hoffnungen, unsere Kreativität, unsere Zärtlichkeit.

Es wird Sommer und wenn nachts ein Gewitter über den Wiener Himmel zuckt, fühlt es sich an, als wärst Du gestern erst angespült worden im Fluss, nach einem heftigen Sturm.

Unsere Welt, Ywo, steht still, so still wie in dem Jahr, in dem wir uns kennenlernten, 1410. In Wien tobte die Pest und Du warst Krankenpfleger. Sehnsüchtig wartete ich immer am Fenster neben dem Fluss und wartete auf Dich. Es sei nicht anständig, sagten sie, ich sei ein ehrenhaftes Mädchen, das Dich von der Arbeit abhielte. Eine Seuche sei nicht die rechte Zeit für eine Liebe. Nach der schlimmen Gewitternacht wurdest Du im Fluss angespült, sie wollten Dir kein Begräbnis geben, weil Du die Kranken und Toten bestohlen hattest. Wie hätte ich in dieser Welt leben sollen? Wie hätte ich nicht in den Fluss springen können?

Im Grunde wollen doch alle Ähnliches vom Leben, warum ist es so schwierig?

Alles ist aus dem Gleichgewicht gebracht worden, kaum eine Person hat damit gerechnet. Die Krankheit ist nicht so tödlich, es ist anders, Wien ist eine andere Stadt, es ist ein anderes Zeitalter. Aber es wird in die Geschichtsbücher eingehen.

Welche Geschichten werden sie sich von diesem Jahr erzählen? Welche tragische, unerfüllte Liebe, welche Rebellionen, welchen Eigennutz, welches Fallen?

Es gibt eine Sage, wir tragen keinen Namen. Ich bin die Jungfrau am Fenster und manchmal ward sie heute noch dort gesehen, ruhelos. Dabei warte ich doch bloß auf Dich, Ywo, sonst will ich nichts, ich will am Fenster sitzen bis ans Ende aller Tage, bis ans Ende dieser Sage und das wird mein Tor zur Welt sein, dort werde ich weiser mit jeder Bewegung und mit jedem Stillstand.

ANOTHER SONG

— William Ross (1762–c.1791) /translation from Gaelic: Alan Riach

I am lost in my grief, a steep pass –
    A dram can do nothing to please.
The maggot alive in my mind has
    Ended good spirits and ease.
I see her no more, that beautiful girl –
    As she walked in the street with such grace –
The gentlest eyes, the loveliest face –
My confidence, broken and fallen
Like leaves from the highest of trees.

Oh, lass, with your rich, lovely curls,
My wanting comes up from the deep.
I'd bless you in heavenly worlds
    If that's where you've gone to, but steep
Is the road of my sorrow.
    Mortally wounded, bent down, my brow,
Thinking death's coming tomorrow
    All fight has gone out of me now.

I am alone, pulled away from the crowd
    And no other woman I'd look to
When you sailed away, the white shroud
    Of the canvas pulled tears from my eyes.
I should have preferred to never have seen you,
    Your beauty, good sense, what makes wise
The kindness that came from your mouth,
    Beyond music, was sweeter than truth.

Anyone seeing me now
      Would think me a coward and cold
A poor poet, crippled, inept,
      Unable to rhyme or accept
How things are. My Papa paid rent
      And carried his gear
His horses were yoked.
      Were I like him, I'd have nothing to fear.

But I'm low and unlifting, despondent and down
      Not even music can raise me from this.
I'm a castaway, lost in the ocean
      Carried by waves and thin mists
Missing you, missing your gamesomeness, glee
      In a sky all gone cloudy, a poisonous potion
Joyless and emptied of gladness or pride
      Keen virtue all gone: drawn out in the tide.

No poem can tell of your beauty
      I couldn't write it, at least.
I can't sing a tune or hear laughter
Without feeling tears come, ever after.
No climbing in hills as I did.
      No zest or gumption remains.
A lasting sleep will arrive soon, for me in a low lonely bed,
      In the hall of all poets, the dead.

SONG OF THE BLACK CASSOCKS

— Rob Donn (1714–78) /translation from Gaelic: Alan Riach

'No man or boy within that part of Britain called Scotland, other than such as shall be employed as Officers and Soldiers shall, on any pretext whatever, wear or put on the Plaid, Philabeg, or little Kilt, Trowse, Shoulder-belts, or any part whatever of the Highland Garb; and that no tartan or party-coloured plaid of stuff shall be used for Great Coats or upper coats.'

The Disclothing Act, 1746. First offence: 6 months' imprisonment; second: 7 years' deportation. Repealed, 1782.

God help us. God help us all.
It is not only your freedom lost
But also now even your clothes.
Why change the fashion?
This proclamation
Outlaws the kilt and short coat
So Prince Charles has an ally down there
In England's glorious parliament.

Oh, come on, King George,
Mockery mocks the faithful.
With all these new laws
You redouble our bondage.
These folk are low-born,
So striking them down should be easy for you.
Better that than let anyone off.
And next time our Rising will have fewer men.

I am heartsick for Scotland
The people, so badly divided:
Motives, desires, the mind of the country,
All split apart. Nothing binds us together.
And the Government reads this, starts

Fanning the flames: encouraging greed
And the worst competition. The flames will rise up.
We will tear each other's throats out.

Englishmen taking the chance
Of running you down even further
So that you cannot be counted
Among our good company, rebels.
When you've given up
Both firearms and swords
They'll give you a shot in your guts
A penalty faster than anything now.

Your grief has no measure
Or precedent.
The best of our falcons
Is chained to a buzzard.
The lion will repay the pain
Its season will come once again.
If only it will not be muzzled.

Now Prince Charles Edward Stuart
The hope of the clans:
We went out to find your true crown
And the fire roared over the land.
We now hide away like low snakes in the grass.
Our skins are cast off.
But still the fangs are growing sharper.

Still we await your return.

Friends of the court,
Does this not flame your anger?
Open your eyes again now:
The taste of it all is so bitter.
Your reward is the goat's
It is milked for the profit
And chased out in autumn
With hounds at its arse.

We were given a Hanover King
Endorsed by the law.
We were given a Prince to oppose him.
But the law is enforced to hold him back too.
God help us. You judge from above.
You've seen them and know all their faults.
So here's the question, God. Can you now promote
The one who is the less sinful?

— Charlotte Reuß

[13-03-2020
Neben dem Schloss am Weg liegt Ruhe und Entspannung das ganze
Jahr.
Im Dunkeln essend zu zweit ein letztes Mal
und wirkt als gäbs kein Morgen mehr,
da Aurora mit uns schlafen ging.

04-2020
Stange läuft waagrecht, eine Hürde mit kleinem Absprung davor;
auch Vorsprung durchs Band hindurch.
Legt vorm Fenster den Horizont fester, falls Ausblick.
Legt' mich auf der Schwelle zum Bett hin; zu hoch gesetzt.
Die Kaiser der Mühlen
anders.
Not-Stand. Noch immer nur halb erwacht. Mit keinem Schritt aus
meinem Mund.

05-2020
Schon wieder aufgetautes Eis am Sofa in der Sonne liegend.
Aussichtsreich im obersten Stock mit [Strg] + [Shift] + [C] zum
Stiegenhaus.
Wach und mobil der Tür entgegen.
Verrat im Sperrbezirk, das Schloss hat vier Seiten.

06-2020
Ich habe am Fenster einen Spiegel stehen lassen;
jetzt halbe Zwillingstauben im Raum, damit sie nicht allein sind,
wenn ich aus.
Um Mitternacht zurück in Schuhen mit Klett.

07-2020
Erst aufgeräumt, nun rückwärts dem Chaos Boden gegeben.
19:46 ohne Datum.
Der Efeu speckig, verzieht dem Fenster Blick.
Meist sticht der Fixpunkt
auf den er kommt, Shampoo in die Augen.
Ariel, Frau keiner Tränen.
Wie spät es ist.

08-2020
Der sandigen Hautschicht, abseits des Pfades, provisorisch gepflas-
terter Stich entgegnen.
Hinterlasse Muschelwerk durch meine Sohlen, wenn die Ebbe nässt,
für die künftige Haftung an den Boden;
mit beiden Beinen im Leben stehend. Ganz furchtbar bewusst.

09-2020
Lies mich auf jedem Schild im wiederkehrenden Garten am Schloss.
In Großem Latinum, das Hände trennend Paare umgeht.
Über mir doppeltes Dach aus Carya und Pinus;
noch vor dem Ausbruch geflohenen Gesteins,
verblendet es die Sonne zum symptomatischen Mittagsschlaf.

10-2020
Wir trinken leer, was auf den Tischen steht; gehen über knusprige
Blätter,
um sonderBar darzugeben, was war und zu nehmen, was ist.
Auf, damit etwas übrig bleibt bis die Haare wieder lang genug
als alter Zopf der Freiheit entgegen hängen.
#oneway

13-11-2020]
Bemerke das Glas in der Höhle als die Angst den Grund-

los besetzt.
Mir ist das Atmen wieder entfallen, es stockt und der Schlag
pocht im Finger als Index;
zweites Frühjahr im Innen leben.
Schlaf.

OUR FAIRYTALE

— *Lena Gattringer*

When I fell in love with you,
I counted on the Brothers Grimm
to be the authors of our story.
I hoped they would provide the happy ending,
I longed so desperately for.
But as time flies by
and the storyline slowly unravels,
I fear somebody else is in charge of pen and paper.
They write about beauty and friendship,
and a love too deep for any children's tale.
Is it Andersen writing,
whose stories have so much more to offer than Grimm's,
whose fairytales are tinted with magic,
but almost always end in tragedy?
Is that what awaits us?
A plot full of miracles, passion and dreams,
only to be burnt down to ashes?
Should we run from it?
Or should we take the chance
and immerse us even deeper?
Should we laugh a little louder,
give a little more
and love a little harder?
Because maybe, thereby
we convince the authors
that they cannot leave us shattered.
maybe they fall so much in love with the two of us
-        as we are falling for each other –
that they give up the merciless plans they had.

And in the end, we win.
And there it is.
Our happy ending.
Which, truly,
is just the beginning.
Of the most beautiful fairytale the world has ever seen?
Probably not.
But it is real,
and therefore, even more magical.
Entirely in our hands.
Because we write it ourselves.
We are the true authors of this story.

ONCE UPON A MIDNIGHT DREAM

— *Johanna T. Hellmich*

I dream of a dream factory all of my own
with clouds full of thought
and tables holding memories
long lost and forgotten
to be built anew in this workshop of wonders

and when I arrive
with my head full of pictures
and my lips full of words lost to the night
I spill my secrets onto the production line
waiting for myself to be reassembled
and shown to children's greedy eyes

the unimaginative adult
waiting for colours to make their own
poured out of my head
liquefied stories sold out of convenience stores
a mass production of distractions
to be swallowed with a glass of paradise

no thought wasted creating their own
waiting in the grey in-between of boredom
until their pocket is full again
to acquire a new dose of fantasy
from a source that is not their own
not theirs to own

why did I dream of this place

this factory of unfulfilled wishes
this graveyard of free growing thought
when all it did was bring me despair
drained my creativity and left me
to rot

let us run away
and leave these starving vultures
without ideas of their own

their prying eyes
pierce my crystal skin
exposing my inner workings for others to imitate
assimilate their own thinking
making themselves better than they could ever be
by stealing from originality
lazily swallowing their prescribed pills

so what do you say
my fellow dreamer
what do you say we leave it all behind
retreat to a faraway isle in the land of no waking
in the realm of the night
where dreams reign and dreamers flourish
remembered and remembering all that makes us whole
dancing with feet made of fantasies
and dresses crafted from impossibilities
where this workshop of wonders
this dream factory is nothing but a nightmare

and we weave our stories
weave our sparkling colours
spread our words into a world of likeminded people

syllables and fantasies interchangeable
a sky of endless ideas
with clouds full of thought and tables holding memories
long lost and forgotten
to be built anew in this workshop of
destruction

I dream of a dream factory
all
of
my
own

GEDICHT NACH EINEM SATZ VON STEFANIE SARGNAGEL

— *Clemens Schittko*

in der Zukunft sind wir alle tot
irgendwann wird jeder gestorben sein
bald schon ist niemand mehr von uns da
künftig ist keiner mehr von uns am Leben
in absehbarer Zeit ist es für alle Menschen aus und vorbei
und nichts und niemand wird uns davor bewahren
absolut nichts wird uns davor retten können
keine Liebe wird das Unvermeidliche abwenden
kein Gott, kein Smartphone noch irgendeine App
es wird uns einfach nicht mehr geben
wir werden alle nicht mehr sein
also finden wir uns besser damit ab
nehmen wir das ganze ein für alle Mal so hin
denn es kommt nun mal so, wie es kommen muss
ob uns das nun gefällt oder nicht
in der Zukunft sind wir alle tot
über kurz oder lang wird es das mit uns gewesen sein
niemand wird überleben
alle werden wir es dann geschafft haben
doch ein Zurück ist definitiv nicht drin
wir werden für immer tot sein
ganz gleich, was jetzt noch so geschieht
eines Tages sind wir alle nicht mehr da
bald schon wird es keinen von uns mehr geben
ausnahmslos niemand wird noch am Leben sein
dagegen lässt sich überhaupt nichts tun
man kann das ganze allenfalls so hinnehmen
daran ändert lässt sich jedoch nichts

also finden wir uns besser damit ab
denn in der Zukunft sind wir sowieso alle tot
irgendwann trifft es halt jeden
und dann ist es mit uns endgültig vorbei

DAS SCHEIDEN DER ANDEREN

— *Marina Lackovic*

Was gewesen ist, ist egal.

Jetzt bin ich ich, und du bist du und weswegen ist vergessen. Mit neuen Maßstäben wird gemessen.

Ab jetzt gilt Sitte und Moral – selbstredend, wir haben die Wahl. Doch wozu sonst könnten wir uns entscheiden?

Was täten wir außer heiraten, arbeiten, Haus bauen und scheiden? Und würde man uns nicht sowieso für jede Wahl ankreiden? Warum also nicht auf unsere ganz eigene Art leiden?

Bin das ich, oder reagiere ich nur auf die Vergangenheit?

Wünsche ich mir das, oder alle außer mir? Ist das Hunger? Ist es Gier?

Will ich ich sein, oder mich darin verlieren zu kapieren, dass was ich bin am Ende doch unwichtig gewesen sein wird.

Und genau das zermürbt. Und wer seine Wünsche fest erwürgt wird auf lange Sicht glücklicher sein. Denn es reicht nicht, nur zu sein – man hat zu tun, was vor einem getan wurde und nach einem bleibt. Und wer dies nicht tut, dem geschieht nichts, er bleibt nur allein.

Dieses Leid ist nicht schlimmer, auch nicht besser, nur wird es etwas schneller vergessen.

Doch reicht das schon aus? Ist das schon genug, um in deren Maß zu messen? Was ist überhaupt so schlimm am Vergessen? Und am vergessen werden?

Und wenn schon, dann erinnern sie sich eben nicht! Auch ohne mich kommt der Morgen, und der Sommer - und das Jüngste Gericht.

Sie schulden mir keinen Bericht darüber, wie oft sie mich erwähnt haben, meinen Verlust wehklagten oder meine Person schön malten.

Denn wenn ich weg bin, bin ich besser. Mein Verstand scharf, wie ein Messer. Meine Mängel befördern sie zur Tugend und für nichts mehr würden sie mich rügen. Wozu auch? Wenn ich doch weg bin. Wenn nichts von mir bleibt als die Mahnung an Vergänglichkeit. Denn sie werden auch vergehen.

Eines fernen, unbekannten Tages neben mir stehen. Um Vergebung flehen oder ihre Überlegenheit preisen. Und sie hören die Worte – auch die ganz leisen. Sich kennenlernen durch fremde Münder. Wäre ihr Lebenswandel nur gesünder und ihr Bett nicht gar so leer.

Und schon fürchten sie sich nicht mehr. Schon ist ihnen unser Schicksal ferner, denn unser Leben war viel härter.

Auf viel mehr mussten wir verzichten, viel länger waren unsre Schichten und unser Vater war nie da.

Weiß jemand, ob er Raucher war?

Schon ist der Tod nicht mehr bizarr – er traf nur was er treffen musste. Bestrafte fair unsre Gelüste – ganz, ganz weit weg von ihnen allen. Wahrscheinlich war es ein Gefallen.

Wie auch immer.

Die Sonne wird bald untergehen. Es ist nun an der Zeit zu gehen – doch bleibt der Mensch stets unvergessen – es ist nur schlecht, zu spät zu essen.

EXISTENTIALISM

— Charles Rammelkamp

I was fifteen the summer of *Sergeant Pepper,*
swept away by the genius imagery,
the voices of the protagonists of the songs –
the lonely guy Ringo portrayed
in "With a Little Help from My Friends,"
the bored man in Lennon's "Good Morning Good Morning,"
the desperate girl in "She's Leaving Home."

That fall, my hip tenth grade English teacher,
Mrs. Fry, encouraged me to write my term paper
on the Beatles. The result?
"Sergeant Pepper's Lonely Hearts Club Band:
a Study in Existentialism."
I'd read an essay in *The Columbia Journalism Review,*
a periodical to which my father subscribed,
in which the writer used the term,
but I didn't have a clue
what "existentialism" was.

I called one of my father's colleagues at the college,
Dr. Hart, who patiently tried to explain
existence versus essence, Sartre, Kierkegaard,
the individual as a free agent determining
his own purpose in a world without meaning,
alienation, Nothingness or Death,
all very abstract to a teenager
who just admired the music.

Focusing on "A Day in the Life,"
I wrote about the alienation of the moviegoer
(*I saw a film today, oh boy …*),
like the character in the Walker Percy novel,
one step removed from reality – *alienated.*
Somehow, I managed ten pages.

"But isn't the album really about mysticism and drugs?"
Mrs. Fry wrote at the bottom of my paper.
But she gave me an A.
I felt like I'd gotten away with something.

RELICS

— Johanna Ellersdorfer

I arrive in The Hague in late Winter, the afternoon sky a faded blue turning pink, as the sun begins to sink beyond the horizon. A tram takes me from the centre towards the coast, and I scan the stops listed on signs above the door, names like *Scheveningen* and *Voorburg*; long vowels and soft uvulars sit heavily in the back of my throat. Past the canal the sky has darkened and I heave my suitcase off the tram. I pause, shivering in the unfamiliar cold. Neon signs glow in the early evening haze. The façade of my new home blends seamlessly into geometric red bricks and white trims on a busy street. It is completely unremarkable, undifferentiated from the neighbours on either side, the neighbours down the street, the identical streets the tram rode down, clicking along the tracks.

The door opens. Benjamin stands there, disarmingly tall, his voice familiar from all the phone calls. His hair is greasy and he brushes it from his face then shakes my hand. I step over the threshold and he reaches for my suitcase. "You're an artist too?" he asks in an accent I still can't place. I shake my head, "no," and I'm sure I told him this over the phone. Then there is silence as he helps me drag my suitcase up two flights of stairs.

This place is all mint green walls and worn wooden floors. There are cracked tiles in the bathroom, and hanging plants that grow like vines. As we pass the kitchen, I see crumbling mortar that has poured onto the laminated countertops, exposed brick peeking through a frame of chipboard that must have once boxed it in. Upstairs, each bedroom has a wooden door, patchily sanded-back like pastel kaleidoscopes. I find it all utterly beguiling.

Benjamin wanders in and out of my room as I unpack, pacing and picking things up. He holds up jumpers and trinkets as I lay them in piles, examining them like precious items. Later, leading me back through the house, he caresses the walls as though tending a pet. I ask if he's lived here long, he says forever, and I don't entirely know what he means.

That evening we cook in the small kitchen, weaving past each other preparing our individual meals, casual conversation punctuated with pointed questions. He asks about my studies, the internship at the National Archives that's brought me here. I ask to see his work and he scrolls through his phone, showing me a reel of blurred photos and video stills. I stand silently for a moment, unsure what to say. "How late does the corner shop stay open?" I finally ask, gesturing at the neon sign flashing through the window in the cold evening air. Benjamin shrugs and puts away his phone, suddenly more interested in the pot of pasta boiling loudly on the stove.

After dinner we both wander back upstairs to our bedrooms. He looks at me as I stand in the doorway to my room, and squints slightly, almost as though he is sizing me up. "Feel welcome here, this house is yours, you can use any of the rooms but please don't come into mine," and I nod and say, "good night Benjamin," as I gently pull my door closed behind me.

**

Work provides rhythm to my days. I leave the house wrapped in layers, riding my bike along herringbone red-brick paths, the rusty guards clattering behind me as the sun rises. I wear white gloves and catalogue photos—grainy images of buildings that no longer stand—entering accession numbers into a database under a flood of fluorescent lights. By night, when the winter air feels crisp rather than biting, I explore the city, pausing over street signs and advertisements, deciphering consonant-heavy words under the warm glow of street lamps.

**

The first time I see Benjamin perform is in a converted factory co-opted by the art school. He stands in front of a wall of photos, listing word associations, faster and faster, until all I can hear is a stream of sound. I feel tense and unsure, but I congratulate him and look closely at the photos. My throat catches as I see they are of our apartment, some from my room, my bed adorned with a bedspread I have never seen, an unfamiliar selection of coats hanging by the door. They are utterly incongruous, blown up and grainy, pinned to a white false wall.

After this, I begin to notice Benjamin is always documenting, photographing meaningless details, like shadows crawling across the mantelpiece, or flakes of paint peeling from the bathroom walls. He narrates what he is doing, as he builds an archive of fleeting moments and passing thoughts. Sometimes my room feels heavy and I wonder if he has been sneaking in to document me too.

He is sitting at the kitchen table when I get home one evening, pulling apart the pepper grinder. His camera sitting on the chair beside him. I watch him, momentarily transfixed. "Have you been in my room?" the words tumble out of my mouth. He nods calmly, without looking up and then tips the peppercorns out onto his hand, "I smoke on your balcony". I stifle a cough. "That's not a problem, is it?" he asks. "No, that's fine", I reply, and we both hear the roof creak, the ductwork expanding to mark the first day of Spring.

***

The days slowly lengthen, and suddenly I am no longer using lights on the bike rides that bookend my days. Work is repetitive and I let myself feel useful in very small ways. I continue sorting through photos, re-packing them neatly into new, tissue-lined boxes. The tissue floats, masking the sharp black and white images, rendering them into shadows as I pack them for indefinite storage in darkness. I know it's to preserve them, but the boxes feel increasingly like coffins.

***

With these longer days, sunsets move through the sky, the colours bleeding into each other, then tipping into the deep indigo of nightfall. I try to photograph these moments through my bedroom window with the glaringly inadequate camera on my phone. On the screen, they mostly look washed out and dull, tepid traces always falling short of what I see.

On a day when the weather is particularly warm, my colleagues decide to leave work early. Riding home, the warm summer sun prickles my back and I slowly detour through side streets I don't usually take. I get home much earlier than usual and from the street I see Benjamin, slightly distorted, through the second-floor window of my bedroom. He paces through the space, my space, and I glimpse a camera strap around his neck. Watching him I am mesmerised, I feel like I've intruded on something. I feel a deep throbbing sadness expand in my chest as I realise I have nowhere to go but inside.

***

At work my small sense of usefulness is fading. My colleagues are friendly but distant. They speak English to me, but prefer Dutch amongst themselves, and as much as I try, I strain to recognise the words, only following when they talk about lunch. When I was studying, the dull repetition of this job was masked by a stream of lectures and assignments, morning coffees with my classmates and long afternoons in the library. I think back to who I was when I applied to be here and try to remember her focus. The difference between us feels chasm-like. I continue sorting through photos, but I keep focussing on their edges, between what is recorded and what has disappeared.

***

After the solstice, something shifts. The house contracts like it's taking a long breath out. My curiosity about Benjamin and his camera recedes into a quiet seething rage, but I can't find the words to confront him. I stand at his bedroom door, trying to catch a glimpse of what lies behind it, but it is always firmly closed. I wonder what would happen if I just pushed on it, or slammed against it with the full weight of my body causing it to crash against the wall as it swung open.

Instead, I become more vigilant. Whenever I go out, I leave items arranged in my room. I photograph them on my phone so that I can see if they've been moved. Each evening when I return home, a book might be slightly misaligned, a tea cup turned. It is enough to know that Benjamin is creeping in when I am out. Eventually I start predicting what might interest him. One morning I leave an unread book on my desk and mark a random page with a receipt. A few hours later I see that the spine creases are deeper than they were when I set it up. I find this strangely satisfying and begin arranging my room for him, creating a slippery narrative for him to read.

On my rides to work I imagine Benjamin in my room, his camera slung over his shoulder as he wanders through, looking at the staged arrangements I have constructed. My legs push down on the pedals, as I ride against a small slip wind. I focus on the soft paths of fallen gingko leaves that I ride over, the wheels macerating their delicate fan shaped leaves into a golden brown sludge.

**

It is late autumn by the time I find myself standing quietly in front of Benjamin's door again. I reach one hand towards it and let it sit for a while, before turning the handle with my other hand and gently push it open. His room is surprisingly bright, the curtains open revealing a view out over the same redbrick houses I see from the kitchen window, the trees almost bare. His bed is a mattress on the floor, mismatched sheets pulled back, unmade. The walls have been roughly painted, a thin coat of white streaked over mint green. An open folder lies on his desk with photos of my room from the past few months. Images of cracked plates and empty cups next to books splayed upside down.

They are quite beautiful, a strange fragmented narrative of the past year of my life. They are about me, but exclude me, and looking at them I find a sad sense of relief. Here is the evidence, indisputable and imperfect. They say: 'You were right', but they also say 'you were here'. I bundle the photos together, all that I can find, and take them with me. I don't bother to hide my tracks.

When Benjamin arrives home the sky is edging slowly towards nightfall. I sit at the dining room table and hear him whistling as he walks up the stairs. He smiles before seeing the photos, then his face drops. I push them towards him, refusing to look down. "They're lovely."

He is quiet for a moment, then looks right at me and says, "I think you should leave."

***

It is cold and dark on the day I pack my things. I hear Benjamin downstairs, his footsteps hard and certain as he moves between the lounge room and the kitchen. My door is ajar and each time I glance at it, I see that his door is firmly closed. He doesn't come to my room and I know he won't say goodbye. The house creaks with every shelf I clear, readjusting to its new normal. It has been raining all day, and now the damp world outside looks luminescent as the sun hovers low and watery. I don't try to photograph it. Instead I fold up my clothes, packing them tightly into my suitcase and wipe down the windowsills.

NOTES TO SELF

— Ewan Morrison

The competitiveness of the young exhausts you. Leave them to it. Why even communicate what you know to them, they will not listen. What you say undermines the energies that young people live for and live through. They will hate you and ignore you for your long-winded impertinence; for your boring lectures based on hard fought experience and years of contemplation. Leave them to their ecstatic energies; to their newness and nowness. Time and loss will teach them your weary wisdom, and in time they too will find that they have been ignored by the younger.

*

As has been often said, the only place where there is actual equality on this earth is in the grave, but even then, there is intense competition to have the most important grave stone.

*

An untrained mind is like a puppy: it chews up your work, tears up your plans, ruins your sleep and craps all over your house.

*

To "change the world". There is no greater cliché in our time. Even the little children are now claiming that they want to change the world, insisting that only they can do it and that bad older people are all that is holding them back. They get little gold stars from their teachers for recycling their lunch wrappers and they are told they are the first generation ever who will save the planet by such acts. What folly this is. There is no unified thing called the world, let alone anything much bigger than our small circle of friends that we can in any way hope to ever change. Why fill children with such fantasies of omnipotence and power? What vanity and hubris to talk of transforming anything bigger than the street you live in, or even the house. Humankind would have been happier if it had never gone to the moon and had never looked back at that single circular blue planet, for now it has the vain illusion that this world is a singular thing that can in any way be grasped. A thing, that looks so small from a distance and can therefore be held in the hand and transformed. These are mere illusions of perspective; before man started mapping the known world, and talking of the world as a unified entity – let alone of "changing the world" – he knew only of what was local to him, he had a more realistic picture of his sphere of influence. Man has only been talking about The World since it was finally traversed and mapped in the 17th century and he still has not, to this day, completely mapped this planetary entity. And the talk of The World was the talk of the age of ships and slavery and conquest. To own the entire world was the goal. Country by country, through invasion and war. To map the properties of the world, to own them. To talk of The World was the vain ambition of colonialists and map-makers. In truth, we know only the maps, not the thing itself. How can we know the 17 trillion trees on this planet?

Man once had immense humility before the force and scales of nature. Now we have reared inflated egos among our children, and they are taught to interrogate each other daily, asking "What did you do to change the world today?" In truth, in all your life you will achieve little in the changing of anything much, let alone "the world", if we could even call it that. No, let us just talk of the experience of life. Yes, the experience of life will profoundly change you, as will the awareness and the experience of death. So, no more talk of changing the world. The world is a modern abstraction that does not correlate to anything tangible at all. A mere word that posits a containable phenomenon in place of fear and the unknown. How can we talk of life on earth when we have encountered only twenty three percent of the species? How can we understand the deep currents of the ocean when we do not even understand the flows of our own bodily energies and emotions? We do not understand our ecosystems, our mental states and neural wiring; we have no idea as to the purpose of our species or of the meaning of life. Look at this tiny fragile naked ape that lives such a short life in such fear and confusion. Look at its delusions of grandeur. Look, it fears all experiences unknown to it, see how it cowers through its evolution, and yet, now it thinks it can tame this terrifying diversity of events, the storms and plagues, by containing all that threat within one word. Look, this species says, I can conjure a word for everything that exists and all that escapes my understanding – let us call this The World. And through this word trick we create the illusion that we can tame, or even know this entity, that it is even an entity at all and not ten billion pieces of stimulus that overwhelm us. Let us get rid of this hubris then and stop talking of the world. You cannot know all of the world, let alone all of the street you live on or all of your family or even all of yourself. By the time you die you will realise, there is no such thing as the world.

*

You can't just be a bit of a heretic, you can't dabble in it or do it secretly; once you start, the process is unstoppable. It affects the way you think and act, and everyone sees it. Once you begin to doubt the foundations of the beliefs that hold your fellows, or your nation, or your faith, then your former allies turn against you. From a turn of phrase they will sense your questioning of all that they hold to be solid and eternal. Doubts you had before, arguments you repressed all come bursting forth as they turn against you. Before long they will cast you out and punish you as a scapegoat. So accept that once you begin on the path of the heretic there is no turning back: you will simply not be permitted entry back into the society you have undermined by questioning the pillars it was built upon.

*

All those petty little games of one-upmanship, all that status conflict and envy. Putting others down to prop oneself up. A culture starts to fall apart when tearing others down rather than lifting oneself up becomes the dominant activity.

*

If you try to live within the big lie every day, if you bow your head and accept it, and use lying words so that you will fit in and not stand out within the regime of the big lie, you will soon find that you lose the ability to tell truth from lies. Everything is a lie after all and you are surviving by generating lies so as to pass undetected. The next stage is that you will lose respect for others: they become nothing more than entities who you must lie to in order to survive, and you distrust them because they are most likely lying too. Unable to trust, it becomes impossible for you to love or to invest in any meaningful or honest relationships. Unable to love, you fall into solipsism and loneliness, then you are drawn to vices to distract yourself from your self-loathing. You lie to yourself about what you're doing, convincing yourself that you're involved in some kind of secret rebellion. Finally you become depraved, unable to trust even your own impulses or judgment. You will lose all respect for yourself. You struggle to anchor yourself in one true thing and the only thing you will find will be your brute survival instinct, your animality. After lying so much to others, you end up lying to every layer of yourself. You end up trying to destroy that self.

*

Expend no more energy on trying to convince the crowd that they cannot think for themselves.

*

Special thanks to ...

... our contributors and everyone who sent in their literary work. Keep up the habit, follow the rabbit!

Facultas Shop am Campus, in particular **Ines Öllinger** and **Robert Hall** – we are happy to have your helping hands.

We are grateful to Facultas printing house. **Paul Frühwirth**, thank you for printing our magazine.

Dr. Marion Faber-Oelschlägel (Le Parfum, Kussmund) for her support and cooperation.

Mag. Dr. Julia Danielczyk, MSc for her generous and encouraging support.

Alice empfiehlt

Wenn du etwas lesen möchtest, aber nicht weißt, was, findest du im FFF-Regal in der facultas Buchhandlung am Uni-Campus, Wien, eine große Auswahl an literarischen Neuerscheinungen und Klassikern. Und wenn du ein Buch als Geschenk kaufst, sind Postkarten von zeitgenössischen Künstlern und ein Flakon eines einzigartigen Parfums eine tolle Ergänzung.

— ONCE UPON A TIME —

Impressum

Why nICHt? is a semi-annual comparative literary magazine publishing poetry, short prose and translations. The languages of the publications are English, German, French and Russian (the latter only as a source language for translations). Alongside the literary works the magazine publishes graphic representation of language. These are important for the reception of the magazine in its entirety, as they are attempts to translate the poems into the visual realm. Why nICHt? encourages submissions from all categories of contributors, including those whose work has not been published yet.

Editor in Chief – Irina Brantner
Editors – Saskia Pacher, James Patton, Arnaud Goy
Cover and „Alice" Design – Katharina Prazuch
Internal illustrations – Polina Frydmann
Design editor – Ernst Grabovszki
PR & Social Media – Alexandrina Brantner
Publisher – danzig & unfried, Wien
Owner and editorial office – Mag. Dr. Irina Brantner, MLitt.
editor@whynicht.com, www.whynicht.com,
https://www.facebook.com/alice.whynICHt/
Print – Facultas, Stolberggasse 26, 1050 Wien

Gefördert von der Stadt Wien Kultur, Literatur

ISBN 978-3-902752-83-3

Silicon Dreams is a cyberpunk interrogation game from whynICHt editor James Patton. It's 2065, and you are an interrogator-model android tasked with rooting out deviants among your own kind. You must probe for lies, monitor and exploit emotional spikes, earn the trust of your subjects, and make the final call: release, or destroy?

Alice reads the first volume of the new Greyhound edition, Artur Solomonov's tragicfarce about ...

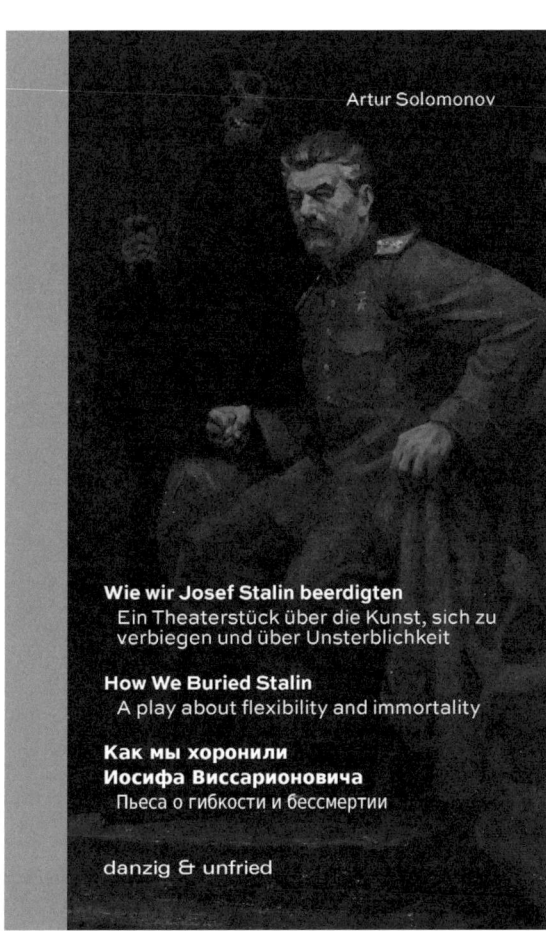

– My Notes –